ALEXANDRA STEINER

# AUTO–
# KENNZEICHEN
## DEUTSCHLAND & EUROPA

ALEXANDRA STEINER

# ADAC AUTO-KENNZEICHEN

## DEUTSCHLAND & EUROPA

Mit großem
Familien-Quiz

HEEL

HEEL Verlag GmbH
Gut Pottscheidt
53639 Königswinter
Telefon 0 22 23 / 92 30-0
Telefax 0 22 23 / 92 30 26
Mail: info@heel-verlag.de
Internet: www.heel-verlag.de

© 2012: HEEL Verlag GmbH, Königswinter

Verantwortlich für den Inhalt:
Alexandra Steiner

Lektorat:
Jürgen Schlegelmilch

Bildnachweis:
DIGITALstock/P. Baer (N); DIGITALstock/M. Berg (HH; HZ); DIGITAL-
stock/K. Hammer (BT); DIGITALstock/D. Idzko-Peil (E); DIGITALstock/M.
Jakobi (F); DIGITALstock /Jockelfin (B; ERZ; HGW; WB); DIGITAL-
stock/M. Krüttgen (AC); DIGITALstock/S. Michel (SB); DIGITALstock/
D. Pietsch (GAP); DIGITALstock/F. Roth (SN); DIGITALstock/J. Schade
(HB); DIGITALstock/R. Träumer (HD); Deutsche Messe Hannover (H); Dres-
den Marketing GmbH/Christoph Münch (DD); fotolia (B; M,); fotolia/Ohr
auge (London); dpa PICTURE ALLIANCE (DON; E; FR; BA; DAU; F);
Stadt Cham (CHA); Peter Herzog (K); Wikipedia/L. Rascal (OSL)
Abbildungen Nummernschilder: Alexandra Steiner

Lithographie, Satz und Gestaltung:
F5 Mediengestaltung, Ralf Kolmsee, Bonn

Alle Angaben ohne Gewähr, Irrtümer vorbehalten
Der vorliegende Ratgeber ist sorgfältig erarbeitet worden. Dennoch erfolgen
alle Angaben ohne Gewähr. Weder Autorinnen noch Verlag übernehmen für
eventuelle Nachteile oder Schäden, die aus den im Buch gegebenen Hinweisen
resultieren, eine Haftung.

Gesamtherstellung: Print Consult, München

ISBN: 978-3-86852-650-9

# Inhalt

Albanien • Andorra • Belgien • Bosnien und Herzegowina • Bulgarien • Dänemark • Estland • Europäische Union • Finnland • Frankreich • Griechenland
Großbritannien • Irland • Island • Italien • Kasachs-
tan • Kosovo • Kroatien • Lettland • Liechtenstein
Litauen • Luxemburg • Malta • Mazedonien • Mol-
dau (Moldawien) • Monaco • Montenegro • Nieder-
lande • Norwegen • Polen • Portugal • Rumänien
Russische Föderation • San Marino • Schweden
Serbien • Slowakei • Slowenien • Spanien • Tschechische Republik • Türkei • Ukraine • Ungarn • Vati-
kanstadt • Weißrussland • Zypern

# Einleitung

„Papa, wo kommt denn das Auto mit dem HH-Kennzeichen her?" Bei Reisen mit dem Auto kommt schnell Langeweile auf. Umso besser, wenn man sich zu beschäftigen weiß. Nicht nur für die Kleinen ist es spannend, herauszufinden, woher die anderen Fahrer auf der Autobahn kommen, auch die Erwachsenen haben großen Spaß daran, zu erforschen, welche Städte und Länder hinter anderen Kennzeichen stecken. Dieser praktische Ratgeber hilft Ihnen dabei: In alphabetischer Reihenfolge finden Sie alle deutschen Kennzeichen und ihre Zulassungsbezirke. Sie erfahren Wissenswertes über den Aufbau und die Bedeutung von Sonderkennzeichen. Und falls Sie mal zwischendrin Pause machen, werden zu den 50 größten deutschen Städten jeweils beliebte Sehenswürdigkeiten aufgeführt. Und das ist noch nicht alles: Mit diesem Ratgeber lässt sich die genaue Herkunft von Fahrzeugen aus über 40 europäischen Staaten bestimmen. Ausführlicher werden dabei die Autokennzeichen unserer deutschsprachigen Nachbarn Österreich und Schweiz unter die Lupe genommen – und auch hier finden Sie zu allen großen Städten wichtige Sehenswürdigkeiten. Auch eine Liste der weltweiten Länderkennungen ist in diesem Buch enthalten, und damit auch richtig gerätselt werden kann, gibt es am Ende des Buches ein Quiz für echte Ratefüchse!

Wir wünschen Ihnen eine gute Reise und eine fröhliche und sichere Fahrt!

# Autokennzeichen in Deutschland (D)

Deutsche Autokennzeichen beginnen mit einem sogenannten Unterscheidungszeichen, das sich aus ein bis drei Buchstaben zusammensetzt und in abgekürzter Form den Ort bzw. Landkreis angibt, in dem der Wagen gemeldet ist. Die Anzahl der Buchstaben richtete sich ursprünglich nach der Einwohnerzahl der jeweiligen Stadt. Die größten Städte erhielten dabei nur einen Buchstaben. Deshalb lautet das Kennzeichen für die Stadt München **M**, da sie die größte Stadt in Deutschland ist, deren Name mit diesem Buchstaben beginnt.

Nach dem Unterscheidungszeichen – bei älteren Kennzeichen durch einen Strich abgetrennt – folgt eine Erkennungsnummer, die aus weiteren ein bis zwei Buchstaben und bis zu vier Ziffern besteht. Früher wurden die Erkennungsnummern fortlaufend vergeben. Der heutige Einsatz von Computern ermöglicht es den Zulassungsbehörden jedoch, auch Wunschkennzeichen in beliebiger Folge zuzuteilen.

Aktuelle EU-Kennzeichen haben am linken Schildrand ein blaues Band mit dem Sternenkreis der Europäischen Union, darunter befindet sich der Buchstabe **D** als Länderkennzeichen.

Sonderkennzeichen:

Kennzeichen mit grüner Schrift werden für steuerbefreite Fahrzeuge, z. B. Traktoren oder Fahrzeuge gemeinnütziger Organisationen, vergeben. Nummernschilder mit roter Schrift bestehen aus dem Zulassungskürzel und einer unmittelbar folgenden Zifferkombination, die mit **06** beginnt. Sie können nur noch von Kfz-Betrieben oder Autohändlern für Probe- und Überführungsfahrten beantragt werden.

Privatpersonen können sogenannte Kurzzeit-Zulassungen zur Überführung von Fahrzeugen nutzen. Sie gelten maximal fünf Tage, der Ablaufzeitpunkt ist in einem gelben Feld am rechten Rand des Nummernschildes vermerkt. Das Kennzeichen enthält das Unterscheidungszeichen des Zulassungsbezirks, gefolgt von einer Erkennungsnummer, die mit **03** oder **04** beginnt.

Ausfuhrkennzeichen haben einen roten Farbstreifen am rechten Schildrand. Man sieht sie an Fahrzeugen, die vom Fahrzeughalter ins Ausland exportiert werden. Die Zahlen im roten Farbfeld geben an, wie lange für den Wagen in Deutschland ein Versicherungsschutz besteht – er also im Inland gefahren werden darf.

Saisonkennzeichen finden sich an Fahrzeugen, die nur zu einer bestimmten Jahreszeit genutzt werden, etwa Wohnmobile. Zwei durch einen waagerechten Strich getrennte Monatszahlen geben die Zeitspanne an, in der das Fahrzeug gefahren werden darf.

Oldtimerkennzeichen schließen rechts nach dem Ziffernblock mit einem **H** ab. Das Mindestalter des Fahrzeugs beträgt 30 Jahre. Für historische Automobile können auch rote Wechselkennzeichen beantragt werden, bei denen auf das normale Ortskürzel eine mit **07** beginnende Ziffernkombination folgt. Diese Kennzeichen gelten nur für Probe- und Überführungsfahrten bzw. für die Teilnahme an Oldtimerveranstaltungen.

Noch bis vor wenigen Jahren wurden für Behördenfahrzeuge der Kreis- und Stadtverwaltungen bzw. der Polizei und Feuerwehr spezielle Kennzeichen vergeben: Nach Angabe des Zulassungsbezirks folgte unmittelbar eine Zahlenkombination (z. B. M-31882). Seit März 2007 werden die neu in den Verkehr gebrachten Dienst- und Einsatzfahrzeuge der Behörden mit ganz normalen, regionalen Kennzeichen versehen.

Auf den Nummernschildern der Fahrzeuge von Landes- bzw. Bundesbehörden findet sich meist keine Buchstabenkombination, die auf einen bestimmten Meldeort schließen lässt. Spezielle Codes verraten hier die Funktion und Herkunft der Fahrzeuge.

**AD, AF, HK** Privatfahrzeuge der US-Streitkräfte
**Dienstfahrzeuge Bund:**
**BD** Bundestag, Bundesrat, Bundespräsidialamt
**BG** (alt), **BP** Bundesgrenzschutz, Bundespolizei
**BW** Wasser- und Schifffahrtsverwaltung des Bundes
**THW** Technisches Hilfswerk

**0** Diplomatisches Korps
**0-1** Bundespräsident
**0-2** Bundeskanzler
**0-3** Außenminister
**1-1** Bundestagspräsident
**X** Bundeswehrfahrzeuge der NATO-Hauptquartiere
**Y** Bundeswehr

**Dienstfahrzeuge Länder:**
**B** Senat/Abgeordnetenhaus Berlin
**BBL** Landesregierung/Landtag Brandenburg
**BWL** Landesregierung/Landtag Baden-Württemberg
**BYL** Landesregierung/Landtag Bayern
**HB** Senat/Bürgerschaft Hansestadt Bremen
**HEL** Landesregierung/Landtag Hessen
**HH** Senat/Bürgerschaft Hansestadt Hamburg
**LSA** Landesregierung/Landtag Sachsen-Anhalt
**LSN** Landesregierung/Landtag Sachsen
**MVL** Landesregierung/Landtag Mecklenburg-Vorpommern
**NL** Landesregierung/Landtag Niedersachsen
**NRW** Landesregierung/Landtag Nordrhein-Westfalen
**RPL** Landesregierung/Landtag Rheinland-Pfalz
**SAL** Landesregierung/Landtag Saarland
**SH** Landesregierung/Landtag Schleswig-Holstein
**THL** Landesregierung/Landtag Thüringen

## Alphabetische Auflistung deutscher Kennzeichen

In der nachfolgenden Liste finden sich die in Deutschland vergebenen Autokennzeichen. Die in Gelb gedruckten Buchstabenkürzel entsprechen den Bezeichnungen der Zulassungsbezirke auf dem Nummernschild; diese Bezirke stehen in der Regel für kreisfreie Städte oder Landkreise mit Kreisstädten als Sitz der Kreisverwaltungen.

**Hinweis:** *Seit dem Jahr 2012 können regionale Bezirke die Ausgabe alter Kennzeichen beim Bundesministerium für Verkehr beantragen. Bei Drucklegung war noch keine abschließende Übersicht verfügbar, welche Kennzeichen wieder zugeteilt werden.*

Die angegebene Zahl der Zulassungen umfasst alle gewerblich und privat genutzten Pkw, die in einem Zulassungsbezirk gemeldet sind.

**A** Augsburg
Landkreis/Kreisfreie Stadt: Augsburg
Bundesland: Bayern
Zugelassene Pkw in 1000: 277,5
**Sehenswürdigkeiten**: Zu den größten Attraktionen gehört das von Elias Holl erbaute Augsburger Rathaus (1615-1620) im Stil des Frühbarock, das Brechthaus, die berühmte Fuggerei, der Dom Unsere Liebe Frau und die Basilika St. Ulrich und Afra, die zusammen als die bedeutendsten Kirchenbauten der Stadt gelten, das Bayerische Textil- und Industriemuseum, das Jüdische Kulturmuseum, das Römische Museum, das Maximilianmuseum, der Wittelsbacher Park/Stadtgarten und der Augsburger Zoo.
www.augsburg.de

**AA** Ostalbkreis
Landkreis; Kreisstadt: Aalen
Bundesland: Baden-Württemberg
Zugelassene Pkw in 1000: 189,2

**AB** Aschaffenburg
Landkreis/Kreisfreie Stadt: Aschaffenburg
Bundesland: Bayern
Zugelassene Pkw in 1000: 150,0

**ABG** Altenburger-Land
Landkreis; Kreisstadt: Altenburg
Bundesland: Thüringen
Zugelassene Pkw in 1000: 59,4

**ABI** Anhalt-Bitterfeld
Landkreis; Kreisstadt: Köthen
Bundesland: Sachsen-Anhalt
Zugelassene Pkw in 1000: 129,4

**AC** Aachen
Landkreis/Kreisfreie Stadt: Aachen
Bundesland: Nordrhein-Westfalen
Zugelassene Pkw in 1000: 281,8
**Sehenswürdigkeiten**: Der zum

UNESCO-Welterbe gehörende Aachener Dom, das historische Rathaus, die Burg Frankenberg, das Grashaus, das Haus Löwenstein, das Marschiertor, der Elisenbrunnen, das Ludwig Forum für Internationale Kunst, das Couven-Museum und die Carolus-Thermen stellen die beliebtesten Touristenattraktionen der Stadt dar.
www.aachen.de

**AE** (alt) → **V**
**AH** (alt) → **BOR**
**AIB** (alt) → **RO**

**AIC** Aichach-Friedberg
Landkreis; Kreisstadt: Aichach
Bundesland: Bayern
Zugelassene Pkw in 1000: 77,7

**AK** Altenkirchen
(Westerwald)
Landkreis; Kreisstadt:
Altenkirchen
Bundesland: Rheinland-Pfalz
Zugelassene Pkw in 1000: 81,2

**AL** (alt) → **MK**
**ALF** (alt) → **HI**
**ALS** (alt) → **VB**
**ALZ** (alt) → **AB**

**AM** Amberg
Kreisfreie Stadt: Amberg
Bundesland: Bayern
Zugelassene Pkw in 1000: 25,0

**AN** Ansbach
Landkreis/Kreisfreie Stadt: Ansbach
Bundesland: Bayern
Zugelassene Pkw in 1000: 136,4

**ANA** (alt) → **ERZ**
**ANG** (alt) → **UM**
**ANK** (alt) → **VG**

**AÖ** Altötting
Landkreis; Kreisstadt: Altötting
Bundesland: Bayern
Zugelassene Pkw in 1000: 64,8

**AP** Weimarer-Land
Landkreis; Kreisstadt: Apolda
Bundesland: Thüringen
Zugelassene Pkw in 1000: 51,1

**APD** (alt) → **AP**
**AR** (alt) → **HSK**
**ARN** (alt) → **IK**
**ART** (alt) → **KYF**

**AS** Amberg-Sulzbach
Landkreis; Kreisstadt: Amberg
(→ AM)
Bundesland: Bayern
Zugelassene Pkw in 1000: 65,6

**ASD** (alt) → **EL**
**ASL** (alt) → **SLK**
**ASZ** (alt) → **ERZ**
**AT** (alt) → **DM**
**AU** (alt) → **ASZ**

**AUR** Aurich
Landkreis; Kreisstadt: Aurich

Bundesland: Niedersachsen
Zugelassene Pkw in 1000: 103,5

**AW** Ahrweiler
Landkreis; Kreisstadt: Bad Neuenahr-Ahrweiler
Bundesland: Rheinland-Pfalz
Zugelassene Pkw in 1000: 79,5

**AZ** Alzey-Worms
Landkreis; Kreisstadt: Alzey
Bundesland: Rheinland-Pfalz
Zugelassene Pkw in 1000: 79,0

**AZE** (alt) → **ABI**

**B** Berlin (Hauptstadt)
Stadtstaat/Bundesland: Berlin
Zugelassene Pkw in 1000: 1.226,0
**Sehenswürdigkeiten:** In der deutschen Hauptstadt zieht es die Besucher vor allem zum Brandenburger Tor, zum Reichstag, zum evangelischen Berliner Dom, zur Siegessäule, zur Kaiser-Wilhelm-Gedächtniskirche, zu Staatsoper, Kurfürstendamm, Alexanderplatz, Potsdamer Platz, den Hackeschen Höfen, zum Holocaust-Mahnmal, zum Mauermuseum (Checkpoint Charlie), zur Museumsinsel, zur Gemäldegalerie im Kulturforum, in das In-Stadtviertel Prenzlauer Berg und zum Zoologischen Garten. www.berlin.de

**BA** Bamberg
Landkreis/Kreisfreie Stadt:

Bamberg
Bundesland: Bayern
Zugelassene Pkw in 1000: 129,2

**BAD** Baden-Baden
Kreisfreie Stadt: Baden-Baden
Bundesland: Baden-Württemberg
Zugelassene Pkw in 1000: 33,8

**BAR** Barnim
Landkreis; Kreisstadt: Eberswalde
Bundesland: Brandenburg
Zugelassene Pkw in 1000: 101,1

**BB** Böblingen
Landkreis; Kreisstadt: Böblingen
Bundesland: Baden-Württemberg
Zugelassene Pkw in 1000: 242,7

**BBG** (alt) → **SLK**

**BC** Biberach (Riß)
Landkreis; Kreisstadt: Biberach
Bundesland: Baden-Württemberg
Zugelassene Pkw in 1000: 114,8

**BCH** (alt) → **MOS**
**BE** (alt) → **WAF**
**BED** (alt) → **FG**
**BEI** (alt) → **EI**
**BEL** (alt) → **PM**
**BER** (alt) → **BAR**
**BF** (alt) → **ST**
**BGD** (alt) → **BGL**

**BGL** Berchtesgadener Land
Landkreis; Kreisstadt: Bad Reichenhall

Bundesland: Bayern
Zugelassene Pkw in 1000: 60,3

**BH** (alt) → **RA**

**BI** Bielefeld
Kreisfreie Stadt: Bielefeld
Bundesland: Nordrhein-Westfalen
Zugelassene Pkw in 1000: 164,4
**Sehenswürdigkeiten:** Das Alte
und das Neue Rathaus, die Sparrenburg, die Ravensberger Spinnerei, die Altstädter Nicolaikirche,
die Neustädter Marienkirche und
die Kunsthalle sind bei einem Aufenthalt in der Stadt einen Besuch
wert.
www.bielefeld.de

**BID** (alt) → **MR**
**BIN** (alt) → **MZ**

**BIR** Birkenfeld (Nahe)
Landkreis; Kreisstadt: Birkenfeld
Bundesland: Rheinland-Pfalz
Zugelassene Pkw in 1000: 53,8

**BIT** Bitburg-Prüm
Landkreis; Kreisstadt: Bitburg
Bundesland: Rheinland-Pfalz
Zugelassene Pkw in 1000: 61,1

**BIW** (alt) → **BZ**
**BK** (alt) → **WN**

**BK** Bördekreis
Landkreis; Kreisstadt: Haldensleben
Bundesland: Sachsen-Anhalt

Zugelassene Pkw in 1000: 106,6

**BKS** (alt) → **WIL**

**BL** Zollernalbkreis
Landkreis; Kreisstadt: Balingen
Bundesland: Baden-Württemberg
Zugelassene Pkw in 1000: 121,9

**BLB** (alt) → **SI**

**BLK** Burgenlandkreis
Landkreis; Kreisstadt: Naumburg
Bundesland: Sachsen-Anhalt
Zugelassene Pkw in 1000: 73,9

**BM** Rhein-Erft-Kreis
Landkreis; Kreisstadt: Bergheim
Bundesland: Nordrhein-Westfalen
Zugelassene Pkw in 1000: 260,4

**BN** Bonn
Kreisfreie Stadt: Bonn
Bundesland: Nordrhein-Westfalen
Zugelassene Pkw in 1000: 170,8
**Sehenswürdigkeiten:** In Bonn gibt
es zahlreiche Sehenswürdigkeiten, z. B. das Alte Rathaus, das
Kurfürstliche Schloss, das gleichzeitig das Hauptgebäude der Universität ist, das Poppelsdorfer
Schloss, das Bonner Münster im
romanischen Stil, die Kirche St.
Cyprian, die Bundeskunsthalle,
das August-Macke-Haus und das
Beethoven-Haus.
www.bonn.de

**BNA** (alt) → **L**

**BO** Bochum
Kreisfreie Stadt: Bochum
Bundesland: Nordrhein-Westfalen
Zugelassene Pkw in 1000: 190,3
**Sehenswürdigkeiten:** In dieser
Stadt im Zentrum des mittleren
Ruhrgebiets stellen das Rathaus,
die Wasserburg Haus Kemnade,
die Pauluskirche, die Propsteikir-
che St. Peter und Paul, die Christuskirche, die Kunstsammlung,
das Deutsche Bergbau-Museum,
das Museum Bochum und das
Planetarium die wichtigsten Touristenattraktionen dar.
www.bochum.de

**BÖ** (alt) → **BK**
**BOG** (alt) → **SR**
**BOH** (alt) → **BOR**

**BOR** Borken
Landkreis; Kreisstadt: Borken
Bundesland: Nordrhein-Westfalen
Zugelassene Pkw in 1000: 197,8

**BOT** Bottrop
Kreisfreie Stadt: Bottrop
Bundesland: Nordrhein-Westfalen
Zugelassene Pkw in 1000: 65,9

**BR** (alt) → **KA**

**BRA** Wesermarsch
Landkreis; Kreisstadt: Brake
Bundesland: Niedersachsen
Zugelassene Pkw in 1000: 51,2

**BRB** Brandenburg (Havel)
Kreisfreie Stadt: Brandenburg
Bundesland: Brandenburg
Zugelassene Pkw in 1000: 35,8

**BRG** (alt) → **JL**
**BRI** (alt) → **HSK**
**BRK** (alt) → **KG**
**BRL** (alt) → **GS**
**BRV** (alt) → **ROW**

**BS** Braunschweig
Kreisfreie Stadt: Braunschweig
Bundesland: Niedersachsen
Zugelassene Pkw in 1000: 126,7
**Sehenswürdigkeiten:** In der
zweitgrößten Stadt Niedersachsens lohnen sich unter anderem
ein Besuch des Altstadtrathauses,
der Burg Dankwarderode, des
Braunschweiger Doms, der Kirche St. Andreas, des Eisenbahn-
museums und des Herzog-Anton-
Ulrich-Museums.
www.braunschweig.de

**BSB** (alt) → **OS**
**BSK** (alt) → **LOS**

**BT** Bayreuth
Landkreis/Kreisfreie Stadt: Bayreuth
Bundesland: Bayern
Zugelassene Pkw in 1000: 108,2

**BTF** (alt) → **ABI**
**BU** (alt) → **H**
**BÜD** (alt) → **FB**
**BÜR** (alt) → **PB**

**BÜS** Büsingen (Hochrhein)
Gemeinde: Büsingen
Landkreis: Konstanz (➞ KN)
Bundesland: Baden-Württemberg
Zugelassene Pkw in 1000: k.A.

**BÜZ** (alt) ➞ **LRO**
**BUL** (alt) ➞ **SAD**

**BZ** Bautzen
Landkreis; Kreisstadt: Bautzen
Bundesland: Sachsen
Zugelassene Pkw in 1000: 204,6

**BZA** (alt) ➞ **SÜW**

**C** Chemnitz
Kreisfreie Stadt: Chemnitz
Bundesland: Sachsen
Zugelassene Pkw in 1000: 131,3
**Sehenswürdigkeiten:** Roter Turm,
Stadtkirche St. Jakobi, Schlosskirche, Opernhaus, Industriemuseum, Museum für sächsische
Fahrzeuge, Versteinerter Wald
und Karl-Marx-Monument sind
nur ein paar Anhaltspunkte, die einen Besuch in Chemnitz zum Erlebnis machen.
www.chemnitz.de

**CA** (alt) ➞ **OSL**
**CAS** (alt) ➞ **RE**

**CB** Cottbus
Kreisfreie Stadt: Cottbus
Bundesland: Brandenburg
Zugelassene Pkw in 1000: 54,0

**CE** Celle
Landkreis; Kreisstadt: Celle
Bundesland: Niedersachsen
Zugelassene Pkw in 1000: 105,0

**CHA** Cham
Landkreis; Kreisstadt: Cham
Bundesland: Bayern
Zugelassene Pkw in 1000: 83,5

**CLP** Cloppenburg
Landkreis; Kreisstadt: Cloppenburg
Bundesland: Niedersachsen
Zugelassene Pkw in 1000: 83,8

**CLZ** (alt) ➞ **GS**

**CO** Coburg
Landkreis/Kreisfreie Stadt: Coburg
Bundesland: Bayern
Zugelassene Pkw in 1000: 79,8

**COC** Cochem-Zell
Landkreis; Kreisstadt: Cochem
Bundesland: Rheinland-Pfalz
Zugelassene Pkw in 1000: 41,2

**COE** Coesfeld
Landkreis; Kreisstadt: Coesfeld
Bundesland: Nordrhein-Westfalen
Zugelassene Pkw in 1000: 129,6

**CR** (alt) ➞ **SHA**

**CUX** Cuxhaven
Landkreis; Kreisstadt: Cuxhaven
Bundesland: Niedersachsen
Zugelassene Pkw in 1000: 121,3

**CW** Calw
Landkreis; Kreisstadt: Calw
Bundesland: Baden-Württemberg
Zugelassene Pkw in 1000: 95,5

**D** Düsseldorf
Kreisfreie Stadt: Düsseldorf
Bundesland: Nordrhein-Westfalen
Zugelassene Pkw in 1000: 298,1
**Sehenswürdigkeiten:** Düsseldorf
gilt als eine der fünf wichtigsten
Metropolen des Landes und hat
unter anderem folgende Sehenswürdigkeiten zu bieten: Kaiser-
pfalz Kaiserswerth, Deutsche
Oper am Rhein, St. Lambertus,
Kunstsammlung Nordrhein-Westfalen, Schifffahrt-Museum im
Schlossturm, Senfmuseum, Thea-
termuseum, Kunstakademie,
Kunsthalle, Stadtmuseum, Aqua-
zoo – Löbbecke-Museum, Botanischer Garten der Universität, Kö-
nigsallee.
www.duesseldorf.de

**DA** Darmstadt-Dieburg
Landkreis; Kreisstadt: Darmstadt
Kreisfreie Stadt: Darmstadt
Bundesland: Hessen
Zugelassene Pkw in 1000: 250,6

**DAH** Dachau
Landkreis; Kreisstadt: Dachau
Bundesland: Bayern
Zugelassene Pkw in 1000: 76,9

**DAN** Dannenberg
Landkreis: Lüchow-Dannenberg;
Kreisstadt: Lüchow
Bundesland: Niedersachsen
Zugelassene Pkw in 1000: 31,0

**DAU** Daun
Landkreis: Vulkaneifel;
Kreisstadt: Daun
Bundesland: Rheinland-Pfalz
Zugelassene Pkw in 1000: 39,4

**DBR** (alt) ➔ **LRO**

**DD** Dresden
Kreisfreie Stadt: Dresden
Bundesland: Sachsen
Zugelassene Pkw in 1000: 218,1
**Sehenswürdigkeiten:** Im sogenannten Elbflorenz lohnt ein Besuch der Semperoper, des Resi-
denzschlosses, des Zwingers, des
Blauen Wunders (Loschwitzer
Brücke), des Kulturpalastes, der
Frauenkirche, der Kathedrale, der
Kreuzkirche, des Deutschen Hy-
giene-Museums, des Erich-Käst-
ner-Museums, des Fahrrad-
seums, der Gemäldegalerie Alte
Meister mit Sixtinischer Madon-
na, des Kunstgewerbemuseums
und des Japanischen Palais.
www.dresden.de

**DE** Dessau
Kreisfreie Stadt: Dessau
Bundesland: Sachsen-Anhalt
Zugelassene Pkw in 1000: 40,5

### DEG Deggendorf
Landkreis; Kreisstadt: Deggendorf
Bundesland: Bayern
Zugelassene Pkw in 1000: 70,5

### DEL Delmenhorst
Kreisfreie Stadt: Delmenhorst
Bundesland: Niedersachsen
Zugelassene Pkw in 1000: 41,0

### DGF Dingolfing-Landau
Landkreis; Kreisstadt: Dingolfing
Bundesland: Bayern
Zugelassene Pkw in 1000: 64,0

### DH Diepholz
Landkreis; Kreisstadt: Diepholz
Bundesland: Niedersachsen
Zugelassene Pkw in 1000: 131,8

**DI** (alt) → **DA**
**DIL** (alt) → **LDK**
**DIN** (alt) → **WES**
**DIZ** (alt) → **EMS**
**DKB** (alt) → **AN**
**DL** (alt) → **FG**

### DLG Dillingen (Donau)
Landkreis; Kreisstadt: Dillingen
Bundesland: Bayern
Zugelassene Pkw in 1000: 58,3

### DM Demmin
Landkreis; Kreisstadt: Demmin
Bundesland: Mecklenburg-Vorpommern
Zugelassene Pkw in 1000: 47,2

### DN Düren
Landkreis; Kreisstadt: Düren
Bundesland: Nordrhein-Westfalen
Zugelassene Pkw in 1000: 166,8

### DO Dortmund
Kreisfreie Stadt: Dortmund
Bundesland: Nordrhein-Westfalen
Zugelassene Pkw in 1000: 285,5
**Sehenswürdigkeiten:** Dortmund gilt als Wirtschafts- und Handelszentrum Westfalens und bietet einiges an Kunst und Kultur – Altes Hafenamt, Hörder Burg, Wasserschloss Haus Bodelschwingh, Reinoldikirche, St. Petri-Kirche, Museum am Ostwall, Industriemuseum, Alter Markt, RWE Tower und die Spielbank Hohensyburg. www.dortmund.de

### DON Donau-Ries
Landkreis; Kreisstadt: Donauwörth
Bundesland: Bayern
Zugelassene Pkw in 1000: 81,6

**DS** (alt) → **VS**
**DT** (alt) → **LIP**

### DU Duisburg
Kreisfreie Stadt: Duisburg
Bundesland: Nordrhein-Westfalen
Zugelassene Pkw in 1000: 237,7
**Sehenswürdigkeiten:** Rathaus, Jüdisches Gemeindezentrum, Salvatorkirche, Stiftung Wilhelm-Lehmbruck-Museum, Kultur- und

Stadthistorisches Museum, Museum der Deutschen Binnenschifffahrt, Landschaftspark Duisburg-Nord und Innenhafen laden in die Stadt ein. www.duisburg.de

## DUD (alt) → GÖ

## DÜW Bad Dürkheim
Landkreis; Kreisstadt: Bad Dürkheim (Weinstraße)
Bundesland: Rheinland-Pfalz
Zugelassene Pkw in 1000: 85,2

## DW (alt) → PIR
## DZ (alt) → TDO

## E Essen
Kreisfreie Stadt: Essen
Bundesland: Nordrhein-Westfalen
Zugelassene Pkw in 1000: 290,8
**Sehenswürdigkeiten:** Essen im Rurgebiet hat weit mehr als Industrie zu bieten: Münster, Glockenspiel, Marktkirche, Alte Synagoge, Europahaus, Rathaus, Lichtburg, Colosseum-Theater, Grillo-Theater, Folkwangmuseum, Ruhrlandmuseum, Haus der Technik, Kokerei und Zeche Zollverein (zum UNESCO-Weltkulturerbe gehörend) prägen das Stadtbild und laden zu Ausflügen ein.
www.essen.de

## EA Eisenach
Kreisfreie Stadt: Eisenach
Bundesland: Thüringen
Zugelassene Pkw in 1000: 23,8

## EB (alt) → TDO

## EBE Ebersberg
Landkreis; Kreisstadt: Ebersberg
Bundesland: Bayern
Zugelassene Pkw in 1000: 72,1

## EBN (alt) → HAS
## EBS (alt) → FO
## ECK (alt) → RD

## ED Erding
Landkreis; Kreisstadt: Erding
Bundesland: Bayern
Zugelassene Pkw in 1000: 75,3

## EE Elbe-Elster
Landkreis; Kreisstadt: Herzberg
Bundesland: Brandenburg
Zugelassene Pkw in 1000: 72,6

## EF Erfurt
Kreisfreie Stadt: Erfurt
Bundesland: Thüringen
Zugelassene Pkw in 1000: 94,6
**Sehenswürdigkeiten:** Die Landeshauptstadt Thüringens bietet Sehenswürdigkeiten wie das Rathaus, das Schloss Molsdorf, eine Wassermühle, die Zitadelle Petersberg, die Allerheiligenkirche, den Mariendom, die Severikirche, das Angermuseum, die Kunsthalle, ein Aquarium und den Thüringer Zoopark.
www.erfurt.de

**EG** (alt) → **PAN**
**EH** (alt) → **LOS**
**EHI** (alt) → **UL**

**EI** Eichstätt
Landkreis; Kreisstadt: Eichstätt
Bundesland: Bayern
Zugelassene Pkw in 1000: 71,5

**EIC** Eichsfeld
Landkreis; Kreisstadt: Heiligenstadt
Bundesland: Thüringen
Zugelassene Pkw in 1000: 62,3

**EIH** (alt) → **EI**
**EIL** (alt) → **MSH**
**EIN** (alt) → **NOM**
**EIS** (alt) → **SHK**

**EL** Emsland
Landkreis; Kreisstadt: Meppen
Bundesland: Niedersachsen
Zugelassene Pkw in 1000: 173,4

**EM** Emmendingen
Landkreis; Kreisstadt: Emmendingen
Bundesland: Baden-Württemberg
Zugelassene Pkw in 1000: 90,2

**EMD** Emden
Kreisfreie Stadt: Emden
Bundesland: Niedersachsen
Zugelassene Pkw in 1000: 22,8

**EMS** Rhein-Lahn-Kreis
Landkreis; Kreisstadt: Bad Ems
Bundesland: Rheinland-Pfalz
Zugelassene Pkw in 1000: 78,3

**EN** Ennepe-Ruhr-Kreis
Landkreis; Kreisstadt: Schwelm
Bundesland: Nordrhein-Westfalen
Zugelassene Pkw in 1000: 194,9

**ER** Erlangen
Kreisfreie Stadt: Erlangen
Bundesland: Bayern
Zugelassene Pkw in 1000: 54,5

**ERB** Odenwaldkreis
Landkreis; Kreisstadt: Erbach
Bundesland: Hessen
Zugelassene Pkw in 1000: 61,1

**ERH** Erlangen-Höchstadt
Landkreis; Kreisstadt: Erlangen
(→ ER)
Bundesland: Bayern
Zugelassene Pkw in 1000: 83,2

**ERK** (alt) → **HS**

**ERZ** Erzgebirgskreis
Landkreis; Kreisstadt Annaberg-Buchholz
Bundesland: Sachsen
Zugelassene Pkw in 1000: 232,6

**ES** Esslingen (Neckar)
Landkreis; Kreisstadt: Esslingen
Bundesland: Baden-Württemberg
Zugelassene Pkw in 1000: 313,4

**ESA** (alt) → **WAK**
**ESB** (alt) → **NEW**

**ESW** Werra-Meißner-Kreis
Landkreis; Kreisstadt: Eschwege
Bundesland: Hessen
Zugelassene Pkw in 1000: 65,4

**EU** Euskirchen
Landkreis; Kreisstadt: Euskirchen
Bundesland: Nordrhein-Westfalen
Zugelassene Pkw in 1000: 150,4

**EUT** (alt) → **OH**
**EW** (alt) → **BAR**

**F** Frankfurt (Main)
Kreisfreie Stadt: Frankfurt am Main
Bundesland: Hessen
Zugelassene Pkw in 1000: 333,7
**Sehenswürdigkeiten:** Das sogenannte Mainhattan lädt zu zahlreichen Attraktionen ein: Römerberg, Alte Oper, Dreikönigskirche, Kaiserdom St. Bartholomäus, Paulskirche, Goethe-Haus, Museumsufer mit Deutschem Filmmuseum und Städelschem Kunstinstitut, Museum für Moderne Kunst, Jüdisches Museum, Commerzbank-Hochhaus, Messegelände, Börsenplatz und Börse, Kleinmarkthalle und Zeilgalerie. www.frankfurt.de

**FAL** (alt) → **HK**

**FB** Wetteraukreis
Landkreis; Kreisstadt: Friedberg
Bundesland: Hessen

**FD** Fulda
Landkreis; Kreisstadt: Fulda
Bundesland: Hessen
Zugelassene Pkw in 1000: 131,9

**FDB** (alt) → **AIC**

**FDS** Freudenstadt
Landkreis; Kreisstadt: Freudenstadt
Bundesland: Baden-Württemberg
Zugelassene Pkw in 1000: 71,7

**FEU** (alt) → **AN**

**FF** Frankfurt (Oder)
Kreisfreie Stadt: Frankfurt (Oder)
Bundesland: Brandenburg
Zugelassene Pkw in 1000: 33,2

**FFB** Fürstenfeldbruck
Landkreis; Kreisstadt: Fürstenfeldbruck
Bundesland: Bayern
Zugelassene Pkw in 1000: 112,0

**FG** Freiberg
Landkreis; Kreisstadt: Freiberg
Bundesland: Sachsen
Zugelassene Pkw in 1000: 205,4

**FH** (alt) → **MTK**
**FI** (alt) → **EE**
**FKB** (alt) → **KB**

**FL** Flensburg
Kreisfreie Stadt: Flensburg
Bundesland: Schleswig-Holstein
Zugelassene Pkw in 1000: 52,6

# E.F.G

**FLÖ** (alt) ➜ **FG**

**FN** Bodenseekreis
Landkreis; Kreisstadt: Friedrichs-
hafen
Bundesland: Baden-Württemberg
Zugelassene Pkw in 1000: 123,5

**FO** Forchheim
Landkreis; Kreisstadt: Forchheim
Bundesland: Bayern
Zugelassene Pkw in 1000: 71,3

**FOR** (alt) ➜ **SPN**

**FR** Freiburg (Breisgau)
Landkreis: Breisgau-Hoch-
schwarzwald; Kreisstadt: Freiburg
Kreisfreie Stadt: Freiburg
Bundesland: Baden-Württemberg
Zugelassene Pkw in 1000: 236,1
**Sehenswürdigkeiten:** Die Universitätsstadt lockt Besucher mit
Bauten wie dem Freiburger Münster, dem Schwabentor, dem Co-
lombischlössle, dem Aussichts-
turm Schlossberg, einem
Konzerthaus, der Jesuitenkirche,
dem Augustinermuseum, dem
Museums-Bergwerk Schauins-
land und mit dem 1620 gegründe-
ten Botanischen Garten.
www.freiburg.de

**FRG** Freyung-Grafenau
Landkreis; Kreisstadt: Freyung
Bundesland: Bayern
Zugelassene Pkw in 1000: 49,2

**FRI** Friesland
Landkreis; Kreisstadt: Jever
Bundesland: Niedersachsen
Zugelassene Pkw in 1000: 60,9

**FRW** (alt) ➜ **MOL**

**FS** Freising
Landkreis; Kreisstadt: Freising
Bundesland: Bayern
Zugelassene Pkw in 1000: 96,6

**FT** Frankenthal (Pfalz)
Kreisfreie Stadt: Frankenthal
Bundesland: Rheinland-Pfalz
Zugelassene Pkw in 1000: 26,1

**FTL** (alt) ➜ **PIR**

**FÜ** Fürth
Landkreis; Kreisstadt: Zirndorf
Kreisfreie Stadt: Fürth
Bundesland: Bayern
Zugelassene Pkw in 1000: 128,9

**FÜS** (alt) ➜ **OAL**
**FW** (alt) ➜ **LOS**
**FZ** (alt) ➜ **HR**

**G** Gera
Kreisfreie Stadt: Gera
Bundesland: Thüringen
Zugelassene Pkw in 1000: 50,6

**GA** (alt) ➜ **SAW**
**GAN** (alt) ➜ **NOM**

**GAP** Garmisch-Partenkirchen
Landkreis; Kreisstadt: Garmisch-Partenkirchen
Bundesland: Bayern
Zugelassene Pkw in 1000: 50,2

**GC** (alt) → **Z**
**GD** (alt) → **AA**
**GDB** (alt) → **NWM**

**GE** Gelsenkirchen
Kreisfreie Stadt: Gelsenkirchen
Bundesland: Nordrhein-Westfalen
Zugelassene Pkw in 1000: 124,3
**Sehenswürdigkeiten:** Hans-Sachs-Haus, Musiktheater im Revier, Schloss Berge, Wasserburg Haus Lüttinghof, Heilig-Kreuz-Kirche, Motorradmuseum, Veltins-Arena (Schalke) sind nur einige Sehenswürdigkeiten der ehemaligen „Stadt der 1000 Feuer".
www.gelsenkirchen.de

**GEL** (alt) → **KLE**
**GEM** (alt) → **MSP**
**GEO** (alt) → **SW**

**GER** Germersheim
Landkreis; Kreisstadt: Germersheim
Bundesland: Rheinland-Pfalz
Zugelassene Pkw in 1000: 78,2

**GF** Gifhorn
Landkreis; Kreisstadt: Gifhorn
Bundesland: Niedersachsen
Zugelassene Pkw in 1000: 101,5

**GG** Groß-Gerau
Landkreis; Kreisstadt: Groß-Gerau
Bundesland: Hessen
Zugelassene Pkw in 1000: 162,1

**GHA** (alt) → **L**
**GHC** (alt) → **WB**

**GI** Gießen
Landkreis; Kreisstadt: Gießen
Bundesland: Hessen
Zugelassene Pkw in 1000: 146,6

**GK** (alt) → **HS**

**GL** Rheinisch-Bergischer Kreis
Landkreis; Kreisstadt: Bergisch Gladbach
Bundesland: Nordrhein-Westfalen
Zugelassene Pkw in 1000: 172,0

**GLA** (alt) → **RE**

**GM** Gummersbach
Landkreis: Oberbergischer Kreis; Kreisstadt: Gummersbach
Bundesland: Nordrhein-Westfalen
Zugelassene Pkw in 1000: 171,4

**GMN** (alt) → **NVP**
**GN** (alt) → **MKK**
**GNT** (alt) → **JL**
**GOA** (alt) → **SIM**

**GÖ** Göttingen
Landkreis; Kreisstadt: Göttingen
Bundesland: Niedersachsen
Zugelassene Pkw in 1000: 135,6

**GOH** (alt) → EMS

**GP** Göppingen
Landkreis; Kreisstadt: Göppingen
Bundesland: Baden-Württemberg
Zugelassene Pkw in 1000: 154,9

**GR** Görlitz
Kreisfreie Stadt: Görlitz
Bundesland: Sachsen
Zugelassene Pkw in 1000: 119,3

**GRA** (alt) → FRG
**GRH** (alt) → MEI
**GRI** (alt) → PA
**GRM** (alt) → L
**GRS** (alt) → OHV

**GRZ** Greiz
Landkreis; Kreisstadt: Greiz
Bundesland: Thüringen
Zugelassene Pkw in 1000: 70,2

**GS** Goslar
Landkreis; Kreisstadt: Goslar
Bundesland: Niedersachsen
Zugelassene Pkw in 1000: 84,1

**GT** Gütersloh
Landkreis; Kreisstadt: Gütersloh
Bundesland: Nordrhein-Westfalen
Zugelassene Pkw in 1000: 208,4

**GTH** Gotha
Landkreis; Kreisstadt: Gotha
Bundesland: Thüringen
Zugelassene Pkw in 1000: 80,3

**GUB** (alt) → SPN
**GÜ** (alt) → LRO
**GUN** (alt) → WUG
**GV** (alt) → NE
**GVM** (alt) → NWM
**GW** (alt) → VG

**GZ** Günzburg
Landkreis; Kreisstadt: Günzburg
Bundesland: Bayern
Zugelassene Pkw in 1000: 74,9

**H** Hannover
Region/Stadt: Hannover
Bundesland: Niedersachsen
Zugelassene Pkw in 1000: 566,8
**Sehenswürdigkeiten:** Die Stadt ist durch die weltgrößte Computermesse CeBIT international bekannt. Aber auch das Alte und Neue Rathaus, das Opernhaus, Leineschloss, Welfenschloss, Marktkirche, Nikolaikapelle, Kestner-Museum, Niedersächsisches Landesmuseum, Volkssternwarte, Herrenhäuser Gärten und der Tiergarten sind einen Besuch in der Hauptstadt Niedersachsens wert. www.hannover.de

**HA** Hagen
Kreisfreie Stadt: Hagen
Bundesland: Nordrhein-Westfalen
Zugelassene Pkw in 1000: 97,8
**Sehenswürdigkeiten:** Das „Tor zum Sauerland" bietet Attraktionen wie den Eugen-Richter-Turm, das Schloss Hohenlimburg, das

Wasserschloss Werdringen, die Johanniskirche, das Westfälische Freilichtmuseum, die Lange Riege (Klingenschmiedsiedlung) und einen Volkspark.
www.hagen.de

**HAB** (alt) → **KG**

**HAL** Halle (Saale)
Kreisfreie Stadt: Halle
Bundesland: Sachsen-Anhalt
Zugelassene Pkw in 1000: 95,5
**Sehenswürdigkeiten:** In der Geburtsstadt des Barockkomponisten laden nicht nur dessen Geburtshaus (Händelhaus), sondern auch das Stadthaus, die Moritzburg, Neue Residenz, Opernhaus Halle, Roter Turm, Marktkirche Unser Lieben Frauen, der Hallesche Dom, das Salinemuseum, der Geologische Garten und der Hallesche Bergzoo zu interessanten Touren ein.
www.halle.de

**HAM** Hamm
Kreisfreie Stadt: Hamm
Bundesland: Nordrhein-Westfalen
Zugelassene Pkw in 1000: 92,2
**Sehenswürdigkeiten:** Auch diese westfälische Stadt ist einen Besuch wert: Stadtmauer, Schloss Heessen, Martin-Luther-Kirche, Pauluskirche, Gustav-Lübcke-Museum und Maximilianpark (mit Glaselefant) sind beliebte Ziele für

Touristen.
www.hamm.de

**HAS** Haßberge
Landkreis; Kreisstadt: Haßfurt
Bundesland: Bayern
Zugelassene Pkw in 1000: 55,1

**HB** Hansestadt Bremen
Stadtstaat/Kreisfreie Stadt:
Bremen, Bremerhaven
Bundesland: Bremen
Zugelassene Pkw in 1000: 293,9
**Sehenswürdigkeiten:** Wer die Hansestadt besucht, sollte sich mindestens für diese Besichtigungen Zeit nehmen: Rathaus, Rolandstatue, Haus Schütting, Schnoorviertel, Weserburg, Liebfrauenkirche, St.-Petri-Dom, Heimatmuseum Schloss Schönebeck, Kunsthalle, Rundfunkmuseum, Universum Science Center und Rhododendron-Park mit Botanika.

**HBN** Hildburghausen
Landkreis; Kreisstadt:
Hildburghausen
Bundesland: Thüringen
Zugelassene Pkw in 1000: 45,0

**HBS** (alt) → **HZ**
**HC** (alt) → **FG**
**HCH** (alt) → **BL**

**HD** Rhein-Neckar-Kreis
Landkreis; Kreisstadt: Heidelberg
Kreisfreie Stadt: Heidelberg

Bundesland: Baden-Württemberg
Zugelassene Pkw in 1000: 387,6

**HDH** Heidenheim (Brenz)
Landkreis; Kreisstadt: Heidenheim
Bundesland: Baden-Württemberg
Zugelassene Pkw in 1000: 78,7

**HDL** (alt) → **BK**

**HE** Helmstedt
Landkreis; Kreisstadt: Helmstedt
Bundesland: Niedersachsen
Zugelassene Pkw in 1000: 55,8

**HEB** (alt) → **LAU**

**HEF** Hersfeld-Rotenburg
Landkreis; Kreisstadt: Bad Hersfeld
Bundesland: Hessen
Zugelassene Pkw in 1000: 78,3

**HEI** Dithmarschen
Landkreis; Kreisstadt: Heide
Bundesland: Schleswig-Holstein
Zugelassene Pkw in 1000: 78,7

**HER** Herne
Kreisfreie Stadt: Herne
Bundesland: Nordrhein-Westfalen
Zugelassene Pkw in 1000: 77,9
**Sehenswürdigkeiten:** Die ehemalige Bergbaustadt lädt mit Sehenswürdigkeiten wie Kaiser-Wilhelm-Turm, Rathaus, Renaissance-Wasserschloss Strünkede, Christuskirche, Johanneskirche, Westfälisches Landesmuseum und Museum für Archäologie zu einem Bummel ein.
www.herne.de

**HET** (alt) → **MSH**

**HF** Herford
Landkreis; Kreisstadt: Herford
Bundesland: Nordrhein-Westfalen
Zugelassene Pkw in 1000: 156,1

**HG** Hochtaunuskreis
Landkreis; Kreisstadt: Bad Homburg
Bundesland: Hessen
Zugelassene Pkw in 1000: 147,0

**HGN** (alt) → **LWL**

**HGW** Hansestadt Greifswald
Kreisfreie Stadt: Greifswald
Bundesland: Mecklenburg-Vorpommern
Zugelassene Pkw in 1000: 24,2

**HH** Hansestadt Hamburg
Stadtstaat/Bundesland: Hamburg
Zugelassene Pkw in 1000: 844,3
**Sehenswürdigkeiten:** Die Hansestadt hat als zweitgrößte Stadt des Landes natürlich Attraktionen für mehrere Tage zu bieten. Wer aber nur kurz verweilt, sollte sich zumindest Rathaus, Bismarck-Denkmal, Turmruine St. Nikolai, Michel (St.-Michaelis-Kirche),

Hamburger Kunsthalle, Hamburg-museum, Hamburger Hafen, Spei-cherstadt, Deichstraße, Reeper-bahn, Fischmarkt, Planetarium und Alsterarkaden ansehen.
www.hamburg.de

**HHM** (alt) → **BLK**

**HI** Hildesheim
Landkreis; Kreisstadt: Hildesheim
Bundesland: Niedersachsen
Zugelassene Pkw in 1000: 160,3

**HIG** (alt) → **EIC**
**HIP** (alt) → **RH**

**HK** Heidekreis
Landkreis; Kreisstadt: Bad Falling-bostel
Bundesland: Niedersachsen
Zugelassene Pkw in 1000: 84,1

**HL** Hansestadt Lübeck
Kreisfreie Stadt: Lübeck
Bundesland: Schleswig-Holstein
Zugelassene Pkw in 1000: 97,7
**Sehenswürdigkeiten:** Die Hanse-stadt an der Ostsee ist ein beliebter Ort für Feriengäste, die unter anderem Folgendes gern besichti-gen: Buddenbrookhaus, Holsten-tor, Rathaus, Burgkloster, Zeug-haus, Salzspeicher an der Trave, Füchtingshof, Dom, Marienkirche, Günter-Grass-Haus, St.-Annen-Museum, Haus der Schiffergesell-schaft, Heiligen-Geist-Hospital.
www.luebeck.de

**HM** Hameln-Pyrmont
Landkreis; Kreisstadt: Hameln
Bundesland: Niedersachsen
Zugelassene Pkw in 1000: 93,6

**HMÜ** (alt) → **GÖ**

**HN** Heilbronn (Neckar)
Landkreis/Kreisfreie Stadt: Heilbronn
Bundesland: Baden-Württemberg
Zugelassene Pkw in 1000: 281,1

**HO** Hof
Landkreis/Kreisfreie Stadt: Hof
Bundesland: Bayern
Zugelassene Pkw in 1000: 92,8

**HÖS** (alt) → **ERH**
**HOG** (alt) → **KS**
**HOH** (alt) → **HAS**

**HOL** Holzminden
Landkreis; Kreisstadt: Holzminden
Bundesland: Niedersachsen
Zugelassene Pkw in 1000: 46,2

**HOM** Saarpfalz-Kreis
Landkreis; Kreisstadt: Homburg
Bundesland: Saarland
Zugelassene Pkw in 1000: 98,4

**HOR** (alt) → **FDS**
**HOT** (alt) → **Z**

**HP** Bergstraße
Landkreis; Kreisstadt: Heppen-heim

Bundesland: Hessen
Zugelassene Pkw in 1000: 166,6

### HR Schwalm-Eder-Kreis

Landkreis; Kreisstadt: Homberg
Bundesland: Hessen
Zugelassene Pkw in 1000: 118,3

### HRO Hansestadt Rostock

Kreisfreie Stadt: Rostock
Bundesland: Mecklenburg-Vorpommern
Zugelassene Pkw in 1000: 82,3
**Sehenswürdigkeiten:** Die ca. 6000 ha große Rostocker Heide ist bei Wanderern sehr beliebt. Aber auch ein Stadtbummel ist hier empfehlenswert, um z. B. das Kloster zum Heiligen Kreuz, das Kuhtor, das Ständehaus, die Marienkirche, die Nikolaikirche, die St.-Petri-Kirche, die Kunsthalle Rostock oder den Rostocker Zoo zu besichtigen.
www.rostock.de

### HS Heinsberg

Landkreis; Kreisstadt: Heinsberg
Bundesland: Nordrhein-Westfalen
Zugelassene Pkw in 1000: 145,5

### HSK Hochsauerlandkreis

Landkreis; Kreisstadt: Meschede
Bundesland: Nordrhein-Westfalen
Zugelassene Pkw in 1000: 161,9

### HST Hansestadt Stralsund

Kreisfreie Stadt: Stralsund
Bundesland: Mecklenburg-Vorpommern
Zugelassene Pkw in 1000: 26,8

### HU Hanau

Stadt: Hanau
Bundesland: Hessen
Zugelassene Pkw in 1000: k.A.

### HÜN (alt) → FD
### HUS (alt) → NF
### HV (alt) → SDL

### HVL Havelland

Landkreis; Kreisstadt: Rathenow
Bundesland: Brandenburg
Zugelassene Pkw in 1000: 87,1

### HW (alt) → GT

### HWI Hansestadt Wismar

Kreisfreie Stadt: Wismar
Bundesland: Mecklenburg-Vorpommern
Zugelassene Pkw in 1000: 20,7

### HX Höxter

Landkreis; Kreisstadt: Höxter
Bundesland: Nordrhein-Westfalen
Zugelassene Pkw in 1000: 87,4

### HY (alt) → BZ

### HZ Harz

Landkreis; Kreisstadt: Halberstadt
Bundesland: Sachsen-Anhalt
Zugelassene Pkw in 1000: 92,2

**IGB** St. Ingbert
Stadt: St. Ingbert
Bundesland: Saarland
Zugelassene Pkw in 1000: 22,1

**IK** Ilm-Kreis
Landkreis; Kreisstadt: Arnstadt
Bundesland: Thüringen
Zugelassene Pkw in 1000: 64,5

**IL** (alt) ➞ **IK**
**ILL** (alt) ➞ **NU**

**IN** Ingolstadt
Kreisfreie Stadt: Ingolstadt
Bundesland: Bayern
Zugelassene Pkw in 1000: 93,2

**IS** (alt) ➞ **MK**

**IZ** Steinburg
Landkreis; Kreisstadt: Itzehoe
Bundesland: Schleswig-Holstein
Zugelassene Pkw in 1000: 78,2

**J** Jena
Kreisfreie Stadt: Jena
Bundesland: Thüringen
Zugelassene Pkw in 1000: 44,5

**JB** (alt) ➞ **TF**
**JE** (alt) ➞ **WB**
**JEV** (alt) ➞ **FRI**

**JL** Jerichower Land
Landkreis; Kreisstadt: Burg
Bundesland: Sachsen-Anhalt
Zugelassene Pkw in 1000: 57,4

**JÜL** (alt) ➞ **DN**

**K** Köln
Kreisfreie Stadt: Köln
Bundesland: Nordrhein-Westfalen
Zugelassene Pkw in 1000: 475,0
**Sehenswürdigkeiten:** Der weltbekannte Kölner Dom ist das dritthöchste Kirchengebäude der Welt. Aber auch das 4711-Stammhaus, die Stadtmauer, die Kirche St. Andreas, das AGFA Photo-Historama, das Deutsche Sport & Olympia Museum, das Kölner Karnevalsmuseum, das Schokoladenmuseum, das Museum Ludwig, das Wallraf-Richartz-Museum, der Messeturm, der Volksgarten und vieles mehr laden ein, um in Deutschlands viertgrößter Stadt Urlaub zu machen.
www.koeln.de

**KA** Karlsruhe
Landkreis/Kreisfreie Stadt: Karlsruhe
Bundesland: Baden-Württemberg
Zugelassene Pkw in 1000: 402,8
**Sehenswürdigkeiten:** Die drittgrößte Stadt von Baden-Württemberg bietet kulturelle Highlights wie Stephanskirche, Badisches Landesmuseum im Schloss Karlsruhe, Majolika-Keramikmanufaktur, Kunsthalle, Zentrum für Kunst und Medientechnologie und einen Stadtgarten.
www.karlsruhe.de

**KAR** (alt) → **MSP**

**KB** Waldeck-Frankenberg
Landkreis; Kreisstadt: Korbach
Bundesland: Hessen
Zugelassene Pkw in 1000: 103,4

**KC** Kronach
Landkreis; Kreisstadt: Kronach
Bundesland: Bayern
Zugelassene Pkw in 1000: 46,0

**KE** Kempten (Allgäu)
Kreisfreie Stadt: Kempten
Bundesland: Bayern
Zugelassene Pkw in 1000: 36,7

**KEH** Kelheim
Landkreis; Kreisstadt: Kelheim
Bundesland: Bayern
Zugelassene Pkw in 1000: 69,4

**KEL** (alt) → **OG**
**KEM** (alt) → **TIR**

**KF** Kaufbeuren
Kreisfreie Stadt: Kaufbeuren
Bundesland: Bayern
Zugelassene Pkw in 1000: 22,9

**KG** Bad Kissingen
Landkreis; Kreisstadt:
Bad Kissingen
Bundesland: Bayern
Zugelassene Pkw in 1000: 68,6

**KH** Bad Kreuznach
Landkreis; Kreisstadt:
Bad Kreuznach
Bundesland: Rheinland-Pfalz
Zugelassene Pkw in 1000: 94,7

**KI** Kiel
Kreisfreie Stadt: Kiel
Bundesland: Schleswig-Holstein
Zugelassene Pkw in 1000: 106,8
**Sehenswürdigkeiten:** Hier kommen „Wasserratten" voll auf ihre Kosten: Schwedenkai, Schifffahrtsmuseum mit Museumshafen, Kiellinie (Promenade), Aquarium und Marinehafen sind aber nur ein Bereich von Sehenswürdigkeiten: Auch das Rathaus, die St.-Nikolai-Kirche, das Computermuseum, das Medizin- und Pharmaziehistorische Museum, das Schleswig-Holsteinische Freilichtmuseum, der Alte Botanische Garten und das Olympische Dorf sind einen Besuch wert.
www.kiel.de

**KIB** Donnersbergkreis
Landkreis; Kreisstadt: Kirchheimbolanden
Bundesland: Rheinland-Pfalz
Zugelassene Pkw in 1000: 48,5

**KK** (alt) → **VIE**

**KL** Kaiserslautern
Landkreis/Kreisfreie Stadt:
Kaiserslautern
Bundesland: Rheinland-Pfalz
Zugelassene Pkw in 1000: 119,1

**KLE** Kleve
Landkreis; Kreisstadt: Kleve
Bundesland: Nordrhein-Westfalen
Zugelassene Pkw in 1000: 173,6

**KLZ** (alt) ➞ **SAW**
**KM** (alt) ➞ **BZ**

**KN** Konstanz
Landkreis; Kreisstadt: Konstanz
Bundesland: Baden-Württemberg
Zugelassene Pkw in 1000: 149,7

**KO** Koblenz
Kreisfreie Stadt: Koblenz
Bundesland: Rheinland-Pfalz
Zugelassene Pkw in 1000: 59,3

**KÖN** (alt) ➞ **NES**
**KÖT** (alt) ➞ **ABI**
**KÖZ** (alt) ➞ **CHA**

**KR** Krefeld
Kreisfreie Stadt: Krefeld
Bundesland: Nordrhein-Westfalen
Zugelassene Pkw in 1000: 117,5
**Sehenswürdigkeiten:** Die Stadt
am Niederrhein lockt mit Sehenswürdigkeiten wie dem Portal der
Mennonitenkirche, der Hohen-
budberger Kirche, dem Kaiser
Wilhelm Museum, dem Museums-
zentrum Burg Linn und dem Deutschen Textilmuseum.
www.krefeld.de

**KRU** (alt) ➞ **GZ**

**KS** Kassel
Landkreis/Kreisfreie Stadt: Kassel
Bundesland: Hessen
Zugelassene Pkw in 1000: 233,2
**Sehenswürdigkeiten:** Spätestens
seit der documenta (Halle kann
besichtigt werden) ist Kassel welt-
bekannt. Aber auch die Orangerie
in der Karlsaue, der Druselturm,
Schloss und Bergpark Wilhelms-
höhe, Zisselhering am Rondell,
Martinskirche, Brüderkirche, Lutherkirche, Fridericianum, Otto-
neum und Brüder-Grimm-Museum
machen die Stadt eine Reise wert.
www.kassel.de

**KT** Kitzingen
Landkreis; Kreisstadt: Kitzingen
Bundesland: Bayern
Zugelassene Pkw in 1000: 55,4

**KU** Kulmbach
Landkreis; Kreisstadt: Kulmbach
Bundesland: Bayern
Zugelassene Pkw in 1000: 49,5

**KÜN** Hohenlohekreis
Landkreis; Kreisstadt: Künzelsau
Bundesland: Baden-Württemberg
Zugelassene Pkw in 1000: 74,3

**KUS** Kusel
Landkreis; Kreisstadt: Kusel
Bundesland: Rheinland-Pfalz
Zugelassene Pkw in 1000: 48,4

**KW** (alt) → **LDS**
**KY** (alt) → **OPR**

**KYF** Kyffhäuserkreis
Landkreis; Kreisstadt: Sondershausen
Bundesland: Thüringen
Zugelassene Pkw in 1000: 50,0

**L** Leipzig
Landkreis; Kreisstadt: Borna
Kreisfreie Stadt: Leipzig
Bundesland: Sachsen
Zugelassene Pkw in 1000: 364,4
**Sehenswürdigkeiten:** Die sächsische Stadt bietet zahlreiche Anlaufstellen für Sightseeing-Hungrige: Hauptbahnhof, Alte Börse, Altes Rathaus, Gohliser Schlösschen, Oper, Schillerhaus, Thomaskirche, Nikolaikirche, Bach-Archiv, Museum der bildenden Künste, Grassimuseum und Mädler-Passage.
www.leipzig.de

**L** (alt) → **LDK/GI**

**LA** Landshut
Landkreis/Kreisfreie Stadt: Landshut
Bundesland: Bayern
Zugelassene Pkw in 1000: 128,4

**LAN** (alt) → **DGF**
**LAT** (alt) → **VB**

**LAU** Nürnberger Land
Landkreis; Kreisstadt: Lauf
Bundesland: Bayern
Zugelassene Pkw in 1000: 103,6

**LB** Ludwigsburg
Landkreis; Kreisstadt: Ludwigsburg
Bundesland: Baden-Württemberg
Zugelassene Pkw in 1000: 306,6

**LBS** (alt) → **SOK**
**LBZ** (alt) → **PCH**
**LC** (alt) → **LDS**

**LD** Landau (Pfalz)
Kreisfreie Stadt: Landau
Bundesland: Rheinland-Pfalz
Zugelassene Pkw in 1000: 25,4

**LDK** Lahn-Dill-Kreis
Landkreis; Kreisstadt: Wetzlar
Bundesland: Hessen
Zugelassene Pkw in 1000: 158,3

**LDS** Dahme-Spreewald
Landkreis; Kreisstadt: Lübben
Bundesland: Brandenburg
Zugelassene Pkw in 1000: 97,0

**LE** (alt) → **LIP**
**LEO** (alt) → **BB**

**LER** Leer (Ostfriesland)
Landkreis; Kreisstadt: Leer
Bundesland: Niedersachsen
Zugelassene Pkw in 1000: 90,8

**LEV** Leverkusen
Kreisfreie Stadt: Leverkusen
Bundesland: Nordrhein-Westfalen
Zugelassene Pkw in 1000: 86,4
**Sehenswürdigkeiten:** Nicht nur
für Fußballfans interessant: Auch
das Rathaus, das Schloss Mors-
broich, die Villa Römer, der Wasserturm Leverkusen-Bürrig, das
Bayer-Hochhaus, der Japanische
Garten, der Wildpark Reuschen-
berg und der Freudenthaler Sen-
senhammer sind ein guter Grund,
um in dieser Stadt einen Spazier-
gang zu machen.
www.leverkusen.de

**LF** (alt) → **BGL**

**LG** Lüneburg
Landkreis; Kreisstadt: Lüneburg
Bundesland: Niedersachsen
Zugelassene Pkw in 1000: 95,7

**LH** (alt) → **COE**

**LI** Lindau (Bodensee)
Landkreis; Kreisstadt: Lindau
Bundesland: Bayern
Zugelassene Pkw in 1000: 47,4

**LIB** (alt) → **EE**

**LIF** Lichtenfels
Landkreis; Kreisstadt: Lichtenfels
Bundesland: Bayern
Zugelassene Pkw in 1000: 42,6

**LIN** (alt) → **EL**

**LIP** Lippe
Landkreis; Kreisstadt: Detmold
Bundesland: Nordrhein-Westfalen
Zugelassene Pkw in 1000: 211,0

**LK** (alt) → **MI**

**LL** Landsberg (Lech)
Landkreis; Kreisstadt: Landsberg
am Lech
Bundesland: Bayern
Zugelassene Pkw in 1000: 68,9

**LM** Limburg-Weilburg
Landkreis; Kreisstadt: Limburg
Bundesland: Hessen
Zugelassene Pkw in 1000: 107,9

**LN** (alt) → **LDS**

**LÖ** Lörrach
Landkreis; Kreisstadt: Lörrach
Bundesland: Baden-Württemberg
Zugelassene Pkw in 1000: 127,8

**LÖB** (alt) → **GR**
**LOH** (alt) → **MSP**

**LOS** Oder-Spree
Landkreis; Kreisstadt: Beeskow
Bundesland: Brandenburg
Zugelassene Pkw in 1000: 110,8

**LP** (alt) → **SO**
**LR** (alt) → **OG**

**LRO** Landkreis Rostock
Landkreis; Kreisstadt Güstrow
Bundesland: Mecklenburg-Vorpommern
Zugelassene Pkw in 1000: 127,2

**LS** (alt) → MK
**LSZ** (alt) → UH

**LU** Ludwigshafen (Rhein)
Kreisfreie Stadt: Ludwigshafen
Bundesland: Rheinland-Pfalz
Zugelassene Pkw in 1000: 79,3
**Sehenswürdigkeiten:** In der zweitgrößten Stadt von Rheinland-Pfalz kann man das Schillerhaus, die Lutherkirche, die Kirche Mariae Himmelfahrt, das Wilhelm-Hack-Museum, das BASF-Hochhaus, Walzmühle und vieles mehr besuchen.
www.ludwigshafen.de

**LÜD** (alt) → MK
**LÜN** (alt) → UN
**LUK** (alt) → TF

**LWL** Ludwigslust
Landkreis; Kreisstadt: Ludwigslust
Bundesland: Mecklenburg-Vorpommern
Zugelassene Pkw in 1000: 76,2

**M** München
Landkreis/Kreisfreie Stadt: München
Bundesland: Bayern
Zugelassene Pkw in 1000: 982,9

**Sehenswürdigkeiten:** Die bayrische Landeshauptstadt ist die drittgrößte Metropole Deutschlands und lockt nicht nur alljährlich zur „Wiesn" zahlreiche Besucher; auch der Marienplatz mit Neuem und Altem Rathaus, die Residenz, Schloss Nymphenburg, das Karlstor, das Isartor, die Frauenkirche (Dom), der Alte Peter, Theatiner-, Asam- und Michaelskirche, das Deutsche Museum, die Pinakotheken, das Valentin-Karlstadt-Musäum, der Englische Garten, das Olympiagelände, der Viktualienmarkt, das Hofbräuhaus und die Allianz-Arena bieten für jeden Geschmack eine Sehenswürdigkeit.
www.muenchen.de

**MA** Mannheim
Kreisfreie Stadt: Mannheim
Bundesland: Baden-Württemberg
Zugelassene Pkw in 1000: 156,3
**Sehenswürdigkeiten:** Die Universitätsstadt mit Marktplatz, Friedrichsplatz mit Wasserturm, Nationaltheater, Schloss Mannheim, Christuskirche, Jesuitenkirche, Kunsthalle, Reiss-Engelhorn-Museen, Landesmuseum für Technik und Arbeit und Luisenpark ist einen Besuch wert.
www.mannheim.de

**MAB** (alt) → ERZ
**MAI** (alt) → KEH
**MAK** (alt) → WUN

**MAL** (alt) → **SR**
**MAR** (alt) → **MSP**

**MB** Miesbach
Landkreis; Kreisstadt: Miesbach
Bundesland: Bayern
Zugelassene Pkw in 1000: 60,5

**MC** (alt) → **DM**

**MD** Magdeburg
Kreisfreie Stadt: Magdeburg
Bundesland: Sachsen-Anhalt
Zugelassene Pkw in 1000: 104,1
**Sehenswürdigkeiten:** Die Hauptstadt von Sachsen-Anhalt hat neben Rathaus, Dom, Lukasklause, Grüne Zitadelle, Jahrtausendturm, Kloster Unserer Lieben Frauen, Magdalenenkapelle, Kulturhistorisches Museum, Schulmuseum, Gruson-Gewächshäuser und dem Wasserstraßenkreuz Magdeburg mit Schiffshebewerk Rothensee noch viel mehr zu bieten, was zu einem Besuch einlädt.
www.magdeburg.de

**ME** Mettmann
Landkreis; Kreisstadt: Mettmann
Bundesland: Nordrhein-Westfalen
Zugelassene Pkw in 1000: 288,7

**MED** (alt) → **HEI**
**MEG** (alt) → **HR**

**MEI** Meißen
Landkreis; Kreisstadt: Meißen

Bundesland: Sachsen
Zugelassene Pkw in 1000: 148,2

**MEK** (alt) → **ERZ**
**MEL** (alt) → **OS**
**MEP** (alt) → **EL**
**MER** (alt) → **SK**
**MES** (alt) → **HSK**
**MET** (alt) → **NES**

**MG** Mönchengladbach
Kreisfreie Stadt: Mönchengladbach
Bundesland: Nordrhein-Westfalen
Zugelassene Pkw in 1000: 136,5
**Sehenswürdigkeiten:** Die zur Metropolregion Rhein-Ruhr gehörende Stadt bietet an Sehenswürdigkeiten unter anderem das Münster, das Städtische Museum Abteiberg, das Museum im Wasserturm Rheindahlen, das Karnevalsmuseum im Alten Zeughaus, das Wasserschloss Haus Horst und den Bunten Garten.
www.moenchengladbach.de

**MGH** (alt) → **TBB**
**MGN** (alt) → **SM**

**MH** Mülheim (Ruhr)
Kreisfreie Stadt: Mülheim
Bundesland: Nordrhein-Westfalen
Zugelassene Pkw in 1000: 93,4
**Sehenswürdigkeiten:** In der Stadt im westlichen Ruhrgebiet sind das Rathaus, die Stadthalle, der Wasserbahnhof mit Blumenuhr, das

Kloster Saarn, die Petrikirche, das Schloss Broich, das Tersteegenhaus, das Wassermuseum, das Haus Ruhrnatur und das Rhein-RuhrZentrum interessante Ziele für einen Ausflug.
www.muelheim-ruhr.de

**MHL** (alt) → **UH**

**MI** Minden-Lübbecke
Landkreis; Kreisstadt: Minden
Bundesland: Nordrhein-Westfalen
Zugelassene Pkw in 1000: 195,5

**MIL** Miltenberg
Landkreis; Kreisstadt: Miltenberg
Bundesland: Bayern
Zugelassene Pkw in 1000: 78,8

**MK** Märkischer Kreis
Landkreis; Kreisstadt: Lüdenscheid
Bundesland: Nordrhein-Westfalen
Zugelassene Pkw in 1000: 253,5

**MKK** Main-Kinzig-Kreis
Landkreis; Kreisstadt: Gelnhausen
Bundesland: Hessen
Zugelassene Pkw in 1000: 242,4

**ML** (alt) → **MSH**

**MM** Memmingen
Kreisfreie Stadt: Memmingen
Bundesland: Bayern
Zugelassene Pkw in 1000: 24,6

**MN** Unterallgäu
Landkreis; Kreisstadt: Mindelheim
Bundesland: Bayern
Zugelassene Pkw in 1000: 84,7

**MO** (alt) → **WES**
**MOD** (alt) → **OAL**

**MOL** Märkisch-Oderland
Landkreis; Kreisstadt: Seelow
Bundesland: Brandenburg
Zugelassene Pkw in 1000: 112,7

**MON** (alt) → **AC**

**MOS** Neckar-Odenwald-Kreis
Landkreis; Kreisstadt: Mosbach
Bundesland: Baden-Württemberg
Zugelassene Pkw in 1000: 88,1

**MQ** (alt) → **SK**

**MR** Marburg-Biedenkopf
Landkreis; Kreisstadt: Marburg
Bundesland: Hessen
Zugelassene Pkw in 1000: 138,7

**MS** Münster
Kreisfreie Stadt: Münster
Bundesland: Nordrhein-Westfalen
Zugelassene Pkw in 1000: 152,4
**Sehenswürdigkeiten:** Der Buddenturm, das Historische Krameramtshaus, das Rathaus mit Friedenssaal, der Prinzipalmarkt, die

Lambertikirche, der Dom, das Graphikmuseum Pablo Picasso und das Westfälische Pferdemuseum Hippomaxx laden in Münster zu einem Besuch ein.
www.muenster.de

**MSH** Mansfeld-Südharz
Landkreis; Kreisstadt: Sangerhausen
Bundesland: Sachsen-Anhalt
Zugelassene Pkw in 1000: 96,1

**MSP** Main-Spessart
Landkreis; Kreisstadt: Karlstadt
Bundesland: Bayern
Zugelassene Pkw in 1000: 81,6

**MST** Mecklenburg-Strelitz
Landkreis; Kreisstadt: Neustrelitz
Bundesland: Mecklenburg-Vorpommern
Zugelassene Pkw in 1000: 49,1

**MT** (alt) → **WW**

**MTK** Main-Taunus-Kreis
Landkreis; Kreisstadt: Hofheim
Bundesland: Hessen
Zugelassene Pkw in 1000: 147,4

**MTL** (alt) → **L**

**MÜ** Mühldorf (Inn)
Landkreis; Kreisstadt: Mühldorf
Bundesland: Bayern
Zugelassene Pkw in 1000: 65,3

**MÜB** (alt) → **HO**
**MÜL** (alt) → **FR**
**MÜN** (alt) → **RT**

**MÜR** Müritz
Landkreis; Kreisstadt: Waren
Bundesland: Mecklenburg-Vorpommern
Zugelassene Pkw in 1000: 38,5

**MW** (alt) → **FG**
**MY** (alt) → **MYK**

**MYK** Mayen-Koblenz
Landkreis; Kreisstadt: Koblenz
(→ KO)
Bundesland: Rheinland-Pfalz
Zugelassene Pkw in 1000: 129,1

**MZ** Mainz-Bingen
Landkreis; Kreisstadt: Ingelheim
Kreisfreie Stadt: Mainz
Bundesland: Rheinland-Pfalz
Zugelassene Pkw in 1000: 223,8
**Sehenswürdigkeiten:** Die Stadt ist nicht nur für die Mainzelmännchen des ZDF bekannt, sondern auch für den Dativius-Victor-Bogen, den Fastnachtsbrunnen, das Kurfürstliche Schloss, das Staatstheater, die Zitadelle, den Mainzer Dom, die Hallenkirche St. Stephan, das Gutenberg-Museum, das Römisch-Germanische Zentralmuseum und das Museum für Antike Schifffahrt.
www.mainz.de

**MZG** Merzig-Wadern
Landkreis; Kreisstadt: Merzig a.d. Saar
Bundesland: Saarland
Zugelassene Pkw in 1000: 68,2

**N** Nürnberg
Kreisfreie Stadt: Nürnberg
Bundesland: Bayern
Zugelassene Pkw in 1000: 245,7
**Sehenswürdigkeiten:** Wer hier mehr als nur den Christkindlesmarkt zur Adventszeit sehen will, sollte sich auch Zeit nehmen für das Rathaus, die Kaiserburg, das Albrecht-Dürer-Haus, den Weißen Turm, die Frauenkirche, den Handwerkerhof, das Germanische Nationalmuseum, das Dokumentationszentrum, die Kunsthalle, das Spielzeugmuseum und das Planetarium.
www.nürnberg.de

**NAB** (alt) → **SAD**
**NAI** (alt) → **HO**
**NAU** (alt) → **HVL**

**NB** Neubrandenburg
Kreisfreie Stadt: Neubrandenburg
Bundesland: Mecklenburg-Vorpommern
Zugelassene Pkw in 1000: 34,6

**ND** Neuburg-Schrobenhausen
Landkreis; Kreisstadt: Neuburg a.d. Donau

Bundesland: Bayern
Zugelassene Pkw in 1000: 56,4

**NDH** Nordhausen
Landkreis; Kreisstadt: Nordhausen
Bundesland: Thüringen
Zugelassene Pkw in 1000: 52,7

**NE** Rhein-Kreis Neuss
Landkreis; Kreisstadt: Neuss
Bundesland: Nordrhein-Westfalen
Zugelassene Pkw in 1000: 261,1

**NEA** Neustadt (Aisch)
Landkreis: Neustadt a.d. Aisch-Bad Windsheim; Kreisstadt: Bad Neustadt
Bundesland: Bayern
Zugelassene Pkw in 1000: 61,4

**NEB** (alt) → **BLK**
**NEC** (alt) → **CO**
**NEN** (alt) → **SAD**

**NES** Röhn-Grabfeld
Landkreis; Kreisstadt: Neustadt a.d. Saale
Bundesland: Bayern
Zugelassene Pkw in 1000: 51,9

**NEU** (alt) → **FR**

**NEW** Neustadt (Waldnaab)
Landkreis; Kreisstadt: Neustadt a.d. Waldnaab
Bundesland: Bayern
Zugelassene Pkw in 1000: 62,2

**NF** Nordfriesland
Landkreis; Kreisstadt: Husum
Bundesland: Schleswig-Holstein
Zugelassene Pkw in 1000: 99,5

**NH** (alt) → **SON**

**NI** Nienburg (Weser)
Landkreis; Kreisstadt: Nienburg
Bundesland: Niedersachsen
Zugelassene Pkw in 1000: 74,5

**NIB** (alt) → **NF**

**NK** Neunkirchen (Saar)
Landkreis; Kreisstadt: Ottweiler
Bundesland: Saarland
Zugelassene Pkw in 1000: 88,3

**NM** Neumarkt (Oberpfalz)
Landkreis; Kreisstadt: Neumarkt
i.d. Oberpfalz
Bundesland: Bayern
Zugelassene Pkw in 1000: 77,1

**NMB** (alt) → **BLK**

**NMS** Neumünster
Kreisfreie Stadt: Neumünster
Bundesland: Schleswig-Holstein
Zugelassene Pkw in 1000: 41,4

**NÖ** (alt) → **DON**

**NOH** Nordhorn
Landkreis: Grafschaft Bentheim;
Kreisstadt: Nordhorn
Bundesland: Niedersachsen
Zugelassene Pkw in 1000: 74,6

**NOL** (alt) → **GR**

**NOM** Northeim
Landkreis; Kreisstadt: Northeim
Bundesland: Niedersachsen
Zugelassene Pkw in 1000: 89,2

**NOR** (alt) → **AUR**
**NP** (alt) → **OPR**

**NR** Neuwied (Rhein)
Landkreis; Kreisstadt: Neuwied
Bundesland: Rheinland-Pfalz
Zugelassene Pkw in 1000: 113,2

**NRÜ** (alt) → **H**
**NT** (alt) → **ES**

**NU** Neu-Ulm
Landkreis; Kreisstadt: Neu-Ulm
Bundesland: Bayern
Zugelassene Pkw in 1000: 99,0

**NVP** (alt) → **VR**

**NW** Neustadt
(Weinstraße)
Kreisfreie Stadt: Neustadt a.d.
Weinstraße
Bundesland: Rheinland-Pfalz
Zugelassene Pkw in 1000: 32,1

**NWM** Nordwest-
mecklenburg
Landkreis; Kreisstadt:
Grevesmühlen
Bundesland: Mecklenburg-
Vorpommern
Zugelassene Pkw in 1000: 69,9

**NY** (alt) → **GR**
**NZ** (alt) → **MST**

## OA Oberallgäu
Landkreis; Kreisstadt: Sonthofen
Bundesland: Bayern
Zugelassene Pkw in 1000: 91,7

## OAL Ostallgäu
Landkreis; Kreisstadt:
Marktoberdorf
Bundesland: Bayern
Zugelassene Pkw in 1000: 79,9

## OB Oberhausen
Kreisfreie Stadt: Oberhausen
Bundesland: Nordrhein-Westfalen
Zugelassene Pkw in 1000: 109,8
**Sehenswürdigkeiten:** Die Nord-
rhein-westfälische Stadt bietet an
Sehenswürdigkeiten den Alt-
markt, die Burg Vondern, das Rat-
haus, das Schloss Oberhausen mit
Ludwig-Galerie, die Deutsche
Hörfunkakademie und den Gaso-
meter.
www.oberhausen.de

**OBB** (alt) → **MIL**
**OBG** (alt) → **SDL**
**OC** (alt) → **BK**
**OCH** (alt) → **WÜ**

## OD Stormarn
Landkreis; Kreisstadt:
Bad Oldesloe
Bundesland: Schleswig-Holstein
Zugelassene Pkw in 1000: 138,3

## OE Olpe
Landkreis; Kreisstadt: Olpe
Bundesland: Nordrhein-Westfalen
Zugelassene Pkw in 1000: 82,7

**ÖHR** (alt) → **KÜN**

## OF Offenbach (Main)
Landkreis; Kreisstadt:
Dietzenbach
Kreisfreie Stadt: Offenbach
Bundesland: Hessen
Zugelassene Pkw in 1000: 261,2

## OG Ortenaukreis
Landkreis; Kreisstadt: Offenburg
Bundesland: Baden-Württemberg
Zugelassene Pkw in 1000: 248,2

## OH Ostholstein
Landkreis; Kreisstadt: Eutin
Bundesland: Schleswig-Holstein
Zugelassene Pkw in 1000: 120,4

## OHA Osterode (Harz)
Landkreis; Kreisstadt: Osterode
Bundesland: Niedersachsen
Zugelassene Pkw in 1000: 49,9

## OHV Oberhavel
Landkreis; Kreisstadt: Oranien-
burg
Bundesland: Brandenburg
Zugelassene Pkw in 1000: 113,4

## OHZ Osterholz
Landkreis; Kreisstadt: Osterholz-
Scharmbeck

Bundesland: Niedersachsen
Zugelassene Pkw in 1000: 68,1

**OK** (alt) ➞ **BK**

**OL** Oldenburg
Landkreis; Kreisstadt:
Wildeshausen
Kreisfreie Stadt: Oldenburg
Bundesland: Niedersachsen
Zugelassene Pkw in 1000: 157,8
**Sehenswürdigkeiten:** Altes Rathaus, Zwinger, Pulverturm, Staatstheater, Schloss, Lambertikirche, Synagoge, Augusteum, Horst-Janssen-Museum und Fernmeldeamt gehören zu den berühmtesten Touristenmagneten der Stadt.
www.oldenburg.de

**OLD** (alt) ➞ **OH**
**OP** (alt) ➞ **GL**

**OPR** Ostprignitz-Ruppin
Landkreis; Kreisstadt: Neuruppin
Bundesland: Brandenburg
Zugelassene Pkw in 1000: 62,7

**OR** (alt) ➞ **OHV**

**OS** Osnabrück
Landkreis/Kreisfreie Stadt:
Osnabrück
Bundesland: Niedersachsen
Zugelassene Pkw in 1000: 290,9
**Sehenswürdigkeiten:** Osnabrück hat architektonische Leckerbissen wie Rathaus und Stadtwaage,

Bucksturm, Steinwerk, Felix-Nussbaum-Haus, Hirschapotheke, Heger Tor, Ledenhof, Dom St. Peter, Pfarr- und Marktkirche St.-Marien, St.-Katharinen-Kirche, Museum Industriekultur und das Erich-Maria-Remarque-Friedenszentrum zu bieten.
www.osnabrueck.de

**OSL** Oberspreewald-Lausitz
Landkreis; Kreisstadt:
Senftenberg
Bundesland: Brandenburg
Zugelassene Pkw in 1000: 76,2

**OTT** (alt) ➞ **CUX**
**OTW** (alt) ➞ **NK**
**OVI** (alt) ➞ **SAD**
**OVL** (alt) ➞ **V**

**OVP** (alt) ➞ **VG**
**OZ** (alt) ➞ **TDO**

**P** Potsdam
Kreisfreie Stadt: Potsdam
Bundesland: Brandenburg
Zugelassene Pkw in 1000: 67,7

**PA** Passau
Landkreis/Kreisfreie Stadt: Passau
Bundesland: Bayern
Zugelassene Pkw in 1000: 144,5

**PAF** Pfaffenhofen (Ilm)
Landkreis; Kreisstadt: Pfaffenhofen
Bundesland: Bayern
Zugelassene Pkw in 1000: 71,9

**PAN** Rottal-Inn
Landkreis; Kreisstadt: Pfarrkirchen
Bundesland: Bayern
Zugelassene Pkw in 1000: 74,9

**PAR** (alt) → **NM**

**PB** Paderborn
Landkreis; Kreisstadt: Paderborn
Bundesland: Nordrhein-
Westfalen
Zugelassene Pkw in 1000: 165,6

**PCH** Parchim
Landkreis; Kreisstadt: Parchim
Bundesland: Mecklenburg-
Vorpommern
Zugelassene Pkw in 1000: 60,2

**PE** Peine
Landkreis; Kreisstadt: Peine
Bundesland: Niedersachsen
Zugelassene Pkw in 1000: 80,1

**PEG** (alt) → **BT**
**PER** (alt) → **PR**

**PF** Pforzheim
Landkreis: Enzkreis; Kreisstadt:
Pforzheim
Kreisfreie Stadt: Pforzheim
Bundesland: Baden-Württemberg
Zugelassene Pkw in 1000: 178,2

**PI** Pinneberg
Landkreis; Kreisstadt: Pinneberg
Bundesland: Schleswig-Holstein
Zugelassene Pkw in 1000: 166,0

**PIR** Sächsische Schweiz
Landkreis; Kreisstadt: Pirna
Bundesland: Sachsen
Zugelassene Pkw in 1000: 79,0

**PK** (alt) → **PR**
**PL** (alt) → **V**

**PLÖ** Plön
Landkreis; Kreisstadt: Plön
Bundesland: Schleswig-Holstein
Zugelassene Pkw in 1000: 76,3

**PM** Potsdam-
Mittelmark
Landkreis; Kreisstadt: Belzig
Bundesland: Brandenburg
Zugelassene Pkw in 1000: 120,6

**PN** (alt) → **SOK**

**PR** Prignitz
Landkreis; Kreisstadt: Perleberg
Bundesland: Brandenburg
Zugelassene Pkw in 1000: 50,0

**PRÜ** (alt) → **BIT**

**PS** Pirmasens
Landkreis: Südwestpfalz; Kreis-
stadt: Pirmasens
Kreisfreie Stadt: Pirmasens
Bundesland: Rheinland-Pfalz
Zugelassene Pkw in 1000: 91,5

**PW** (alt) → **VG**
**PZ** (alt) → **UM**

**QFT** (alt) → **SK**
**QLB** (alt) → **HZ**

**R** Regensburg
Landkreis/Kreisfreie Stadt:
Regensburg
Bundesland: Bayern
Zugelassene Pkw in 1000: 188,3

**RA** Rastatt
Landkreis; Kreisstadt: Rastatt
Bundesland: Baden-Württemberg
Zugelassene Pkw in 1000: 143,6

**RC** (alt) → **V**

**RD** Rendsburg-
Eckernförde
Landkreis; Kreisstadt: Rendsburg
Bundesland: Schleswig-Holstein
Zugelassene Pkw in 1000: 164,2

**RDG** (alt) → **NVP**

**RE** Recklinghausen
Landkreis; Kreisstadt:
Recklinghausen
Bundesland: Nordrhein-Westfalen
Zugelassene Pkw in 1000: 341,1

**REG** Regen
Landkreis; Kreisstadt: Regen
Bundesland: Bayern
Zugelassene Pkw in 1000: 47,8

**REH** (alt) → **HO**
**REI** (alt) → **BGL**
**RG** (alt) → **MEI**

**RH** Roth
Landkreis; Kreisstadt: Roth
Bundesland: Bayern
Zugelassene Pkw in 1000: 79,3

**RI** (alt) → **SHG**
**RID** (alt) → **KEH**
**RIE** (alt) → **MEI**
**RL** (alt) → **FG**
**RM** (alt) → **MÜR**
**RN** (alt) → **HVL**

**RO** Rosenheim
Landkreis/Kreisfreie Stadt:
Rosenheim
Bundesland: Bayern
Zugelassene Pkw in 1000: 183,7

**ROD** (alt) → **CHA**
**ROF** (alt) → **HEF**
**ROK** (alt) → **KIB**
**ROL** (alt) → **LA**
**ROS** (alt) → **LRO**
**ROT** (alt) → **AN**

**ROW** Rotenburg (Wümme)
Landkreis; Kreisstadt: Rotenburg
Bundesland: Niedersachsen
Zugelassene Pkw in 1000: 101,1

**RP** Rhein-Pfalz-Kreis
Landkreis; Kreisstadt: Ludwigsha-
fen (→ LU)
Bundesland: Rheinland-Pfalz
Zugelassene Pkw in 1000: 92,8

**RS** Remscheid
Kreisfreie Stadt: Remscheid

Bundesland: Nordrhein-Westfalen
Zugelassene Pkw in 1000: 62,9

**RSL** (alt) → **ABI**

**RT** Reutlingen
Landkreis; Kreisstadt: Reutlingen
Bundesland: Baden-Württemberg
Zugelassene Pkw in 1000: 167,1

**RU** (alt) → **SLF**

**RÜD** Rheingau-Taunus-Kreis
Landkreis; Kreisstadt: Bad Schwalbach
Bundesland: Hessen
Zugelassene Pkw in 1000: 118,1

**RÜG** Rügen
Landkreis; Kreisstadt: Bergen
Bundesland: Mecklenburg-Vorpommern
Zugelassene Pkw in 1000: 37,7

**RV** Ravensburg
Landkreis; Kreisstadt: Ravensburg
Bundesland: Baden-Württemberg
Zugelassene Pkw in 1000: 159,8

**RW** Rottweil
Landkreis; Kreisstadt: Rottweil
Bundesland: Baden-Württemberg
Zugelassene Pkw in 1000: 87,7

**RY** (alt) → **MG**

**RZ** Herzogtum Lauenburg
Landkreis; Kreisstadt: Ratzeburg
Bundesland: Schleswig-Holstein
Zugelassene Pkw in 1000: 107,9

**S** Stuttgart
Kreisfreie Stadt: Stuttgart
Bundesland: Baden-Württemberg
Zugelassene Pkw in 1000: 314,4
**Sehenswürdigkeiten:** Wer nach Stuttgart kommt, sollte es nicht versäumen, sich Altes und Neues Schloss, Hegelhaus, Staatstheater, Stiftskirche, Leonhardskirche, Domkirche St. Eberhard, Alte und Neue Staatsgalerie, Mercedes-Benz Museum, Feuerwehrmuseum, Funkturm, Rosensteinpark und Königsbau sowie die Wilhelma anzusehen.
www.stuttgart.de

**SAB** (alt) → **TR**

**SAD** Schwandorf
Landkreis; Kreisstadt: Schwandorf
Bundesland: Bayern
Zugelassene Pkw in 1000: 90,6

**SÄK** (alt) → **WT**
**SAN** (alt) → **KU**

**SAW** Altmarkkreis Salzwedel
Landkreis; Kreisstadt: Salzwedel
Bundesland: Sachsen-Anhalt
Zugelassene Pkw in 1000: 57,0

**SB** Saarbrücken
Landkreis: Stadtverband Saarbrü-

cken; Kreisstadt: Saarbrücken
Bundesland: Saarland
Zugelassene Pkw in 1000: 199,9
**Sehenswürdigkeiten:** Rathaus
und Altes Rathaus, Alte Brücke,
Saarländisches Staatstheater,
Schloss Saarbrücken, Basilika St.
Johann, Schlosskirche, Ludwigs-
kirche, Congresshalle, Abenteuer-
Museum, Arzneipflanzenmuseum,
Moderne Galerie, Stadtgalerie,
Saarlandmuseum, Deutsch-Fran-
zösischer Garten, Bürgerpark und
Saarkran machen einen Besuch in
Saarbrücken zum Erlebnis.
www.saarbruecken.de

**SBG** (alt) → **UER**
**SBK** (alt) → **SLK**

**SC** Schwabach
Kreisfreie Stadt: Schwabach
Bundesland: Bayern
Zugelassene Pkw in 1000: 24,7

**SCZ** (alt) → **SOK**
**SDH** (alt) → **KYF**

**SDL** Stendal
Landkreis; Kreisstadt: Stendal
Bundesland: Sachsen-Anhalt
Zugelassene Pkw in 1000: 71,4

**SDT** (alt) → **UM**

**SE** Segeberg
Landkreis; Kreisstadt: Bad Segeberg

Bundesland: Schleswig-Holstein
Zugelassene Pkw in 1000: 159,1

**SEB** (alt) → **PIR**
**SEE** (alt) → **MOL**
**SEF** (alt) → **NEA**
**SEL** (alt) → **WUN**
**SF** (alt) → **OA**
**SFA** (alt) → **HK**
**SFB** (alt) → **OSL**
**SFT** (alt) → **SLK**

**SG** Solingen
Kreisfreie Stadt: Solingen
Bundesland: Nordrhein-Westfalen
Zugelassene Pkw in 1000: 89,1
**Sehenswürdigkeiten:** Seit dem
Mittelalter gilt die Stadt als das
Zentrum der deutschen Klingen-,
Messer- und Schneidwarenindus-
trie. Sehenswürdigkeiten sind ne-
ben dem Klingenmuseum die
Müngstener Brücke, der histori-
sche Marktplatz Gräfrath, das
Schloss Burg mit Bergischem Mu-
seum, die St. Clemenskirche, die
Walder Kirche, das Laurel & Har-
dy-Museum, der Wipperkotten
und die Sternwarte Solingen.
www.solingen.de

**SGH** (alt) → **MSH**

**SHA** Schwäbisch Hall
Landkreis; Kreisstadt:
Schwäbisch Hall
Bundesland: Baden-Württemberg
Zugelassene Pkw in 1000: 114,4

S

**SHG** Schaumburg
Landkreis; Kreisstadt: Stadthagen
Bundesland: Niedersachsen
Zugelassene Pkw in 1000: 100,0

**SHK** Saale-
Holzland-Kreis
Landkreis; Kreisstadt: Eisenberg
Bundesland: Thüringen
Zugelassene Pkw in 1000: 54,5

**SHL** Suhl
Kreisfreie Stadt: Suhl
Bundesland: Thüringen
Zugelassene Pkw in 1000: 24,1

**SI** Siegen-Wittgenstein
Landkreis Siegen-Wittgenstein;
Kreisstadt: Siegen
Bundesland: Nordrhein-Westfalen
Zugelassene Pkw in 1000: 171,5

**SIG** Sigmaringen
Landkreis; Kreisstadt:
Sigmaringen
Bundesland: Baden-Württemberg
Zugelassene Pkw in 1000: 78,9

**SIM** Rhein-
Hunsrück-Kreis
Landkreis; Kreisstadt: Simmern
Bundesland: Rheinland-Pfalz
Zugelassene Pkw in 1000: 66,9

**SK** Saalkreis
Landkreis; Kreisstadt: Halle (➞ HAL)
Bundesland: Sachsen-Anhalt
Zugelassene Pkw in 1000: 126,6

**SL** Schleswig-Flensburg
Landkreis; Kreisstadt: Schleswig
Bundesland: Schleswig-Holstein
Zugelassene Pkw in 1000: 119,4

**SLE** (alt) ➞ EU

**SLF** Saalfeld-Rudolstadt
Landkreis; Kreisstadt: Saalfeld
Bundesland: Thüringen
Zugelassene Pkw in 1000: 70,5

**SLG** (alt) ➞ SIG

**SLK** Salzlandkreis
Landkreis; Kreisstadt: Bernburg
(Saale)
Bundesland: Sachsen-Anhalt
Zugelassene Pkw in 1000: 121,6

**SLN** (alt) ➞ ABG

**SLS** Saarlouis
Landkreis; Kreisstadt: Saarlouis
Bundesland: Saarland
Zugelassene Pkw in 1000: 130,4

**SLÜ** (alt) ➞ MKK
**SLZ** (alt) ➞ WAK

**SM** Schmalkalden-
Meiningen
Landkreis; Kreisstadt: Meiningen
Bundesland: Thüringen
Zugelassene Pkw in 1000: 82,9

**SMÜ** (alt) ➞ A

**SN** Schwerin
Kreisfreie Stadt: Schwerin
Bundesland: Mecklenburg-Vorpommern
Zugelassene Pkw in 1000: 43,6

**SNH** (alt) → **HD**

**SO** Soest
Landkreis; Kreisstadt: Soest
Bundesland: Nordrhein-Westfalen
Zugelassene Pkw in 1000: 176,8

**SOB** (alt) → **ND**

**SÖM** Sömmerda
Landkreis; Kreisstadt: Sömmerda
Bundesland: Thüringen
Zugelassene Pkw in 1000: 43,5

**SOG** (alt) → **WM**

**SOK** Saale-Orla-Kreis
Landkreis; Kreisstadt: Schleiz
Bundesland: Thüringen
Zugelassene Pkw in 1000: 58,2

**SOL** (alt) → **HK**

**SON** Sonneberg
Landkreis; Kreisstadt: Sonneberg
Bundesland: Thüringen
Zugelassene Pkw in 1000: 38,4

**SP** Speyer
Kreisfreie Stadt: Speyer
Bundesland: Rheinland-Pfalz
Zugelassene Pkw in 1000: 28,4

**SPB** (alt) → **SPN**

**SPN** Spree-Neiße-Kreis
Landkreis; Kreisstadt:
Forst (Lausitz)
Bundesland: Brandenburg
Zugelassene Pkw in 1000: 83,4

**SPR** (alt) → **H**

**SR** Straubing-Bogen
Landkreis; Kreisstadt: Straubing
Bundesland: Bayern
Zugelassene Pkw in 1000: 86,4

**SRB** (alt) → **MOL**
**SRO** (alt) → **SHK**

**ST** Steinfurt
Landkreis; Kreisstadt: Steinfurt
Bundesland: Nordrhein-Westfalen
Zugelassene Pkw in 1000: 248,6

**STA** Starnberg
Landkreis; Kreisstadt: Starnberg
Bundesland: Bayern
Zugelassene Pkw in 1000: 82,8

**STB** (alt) → **PCH**

**STD** Stade
Landkreis; Kreisstadt: Stade
Bundesland: Niedersachsen
Zugelassene Pkw in 1000: 115,8

**STE** (alt) → **LIF**
**STH** (alt) → **SHG**

**STL** (alt) → **ERZ**
**STO** (alt) → **KN**

**SU** Rhein-Sieg-Kreis
Landkreis; Kreisstadt: Siegburg
Bundesland: Nordrhein-Westfalen
Zugelassene Pkw in 1000: 337,0

**SÜW** Südliche
Weinstraße
Landkreis; Kreisstadt: Landau
i.d. Pfalz (→ LD)
Bundesland: Rheinland-Pfalz
Zugelassene Pkw in 1000: 70,6

**SUL** (alt) → **AS**

**SW** Schweinfurt
Landkreis/Kreisfreie Stadt:
Schweinfurt
Bundesland: Bayern
Zugelassene Pkw in 1000: 100,4

**SWA** (alt) → **RÜD**
**SY** (alt) → **DH**

**SZ** Salzgitter
Kreisfreie Stadt: Salzgitter
Bundesland: Niedersachsen
Zugelassene Pkw in 1000: 56,2

**SZB** (alt) → **ERZ**

**TBB** Main-Tauber-Kreis
Landkreis; Kreisstadt: Tauber-
bischofsheim
Bundesland: Baden-Württemberg
Zugelassene Pkw in 1000: 83,9

**TE** (alt) → **ST**

**TDO** Landkreis Nord-
sachsen
Landkreis; Kreisstadt: Torgau
Bundesland: Sachsen
Zugelassene Pkw in 1000: 126,3

**TET** (alt) → **LRO**

**TF** Teltow-Fläming
Landkreis; Kreisstadt: Lucken-
walde
Bundesland: Brandenburg
Zugelassene Pkw in 1000: 95,5

**TG** (alt) → **TDO**

**TIR** Tirschenreuth
Landkreis; Kreisstadt: Tirschen-
reuth
Bundesland: Bayern
Zugelassene Pkw in 1000: 48,6

**TO** (alt) → **TDO**

**TÖL** Bad Tölz-
Wolfratshausen
Landkreis; Kreisstadt: Bad Tölz
Bundesland: Bayern
Zugelassene Pkw in 1000: 73,6

**TÖN** (alt) → **NF**
**TP** (alt) → **UM**

**TR** Trier-Saarburg
Landkreis; Kreisstadt: Trier
Kreisfreie Stadt: Trier

Bundesland: Rheinland-Pfalz
Zugelassene Pkw in 1000: 137,1

**TS** Traunstein
Landkreis; Kreisstadt: Traunstein
Bundesland: Bayern
Zugelassene Pkw in 1000: 104,7

**TT** (alt) → **FN**

**TÜ** Tübingen
Landkreis; Kreisstadt: Tübingen
Bundesland: Baden-Württemberg
Zugelassene Pkw in 1000: 115,6

**TUT** Tuttlingen
Landkreis; Kreisstadt: Tuttlingen
Bundesland: Baden-Württemberg
Zugelassene Pkw in 1000: 80,7

**UE** Uelzen
Landkreis; Kreisstadt: Uelzen
Bundesland: Niedersachsen
Zugelassene Pkw in 1000: 55,5

**ÜB** (alt) → **FN**
**UEM** (alt) → **VG**
**UER** (alt) → **VG**
**UFF** (alt) → **NEA**

**UH** Unstrut-Hainich-Kreis
Landkreis; Kreisstadt: Mühlhausen
Bundesland: Thüringen
Zugelassene Pkw in 1000: 59,8

**UL** Ulm
Landkreis: Alb-Donau-Kreis;
Kreisstadt: Ulm

Kreisfreie Stadt: Ulm
Bundesland: Baden-Württemberg
Zugelassene Pkw in 1000: 178,8

**UM** Uckermark
Landkreis; Kreisstadt: Prenzlau
Bundesland: Brandenburg
Zugelassene Pkw in 1000: 78,0

**UN** Unna
Landkreis; Kreisstadt: Unna
Bundesland: Nordrhein-Westfalen
Zugelassene Pkw in 1000: 229,3

**USI** (alt) → **HG**

**V** Vogtlandkreis
Landkreis; Kreisstadt: Plauen
Bundesland: Sachsen
Zugelassene Pkw in 1000: 154,9

**VAI** (alt) → **LB**

**VB** Vogelsbergkreis
Landkreis; Kreisstadt: Lauterbach
Bundesland: Hessen
Zugelassene Pkw in 1000: 73,2

**VEC** Vechta
Landkreis; Kreisstadt: Vechta
Bundesland: Niedersachsen
Zugelassene Pkw in 1000: 73,5

**VER** Verden (Aller)
Landkreis; Kreisstadt: Verden
Bundesland: Niedersachsen
Zugelassene Pkw in 1000: 82,0

**VG** Vorpommern-Greifs-
wald
Landkreis; Kreisstadt: Greifswald
Bundesland: Mecklenburg-Vor-
pommern
Zugelassene Pkw in 1000: 104,0

**VIB** (alt) → **LA**

**VIE** Viersen
Landkreis; Kreisstadt: Viersen
Bundesland: Nordrhein-Westfalen
Zugelassene Pkw in 1000: 177,9

**VIT** (alt) → **REG**

**VK** Völklingen
Stadt: Völklingen (Saarbrücken)
Bundesland: Saarland
Zugelassene Pkw in 1000: 19,9

**VL** (alt) → **VS**
**VOF** (alt) → **PA**
**VOH** (alt) → **NEW**

**VR** Vorpommern-Rügen
Landkreis; Kreisstadt: Stralsund
Bundesland: Mecklenburg-Vor-
pommern
Zugelassene Pkw in 1000: 65,0

**VS** Schwarzwald-
Baar-Kreis
Landkreis; Kreisstadt: Villingen-
Schwenningen
Bundesland: Baden-Württemberg
Zugelassene Pkw in 1000: 126,1

**W** Wuppertal
Kreisfreie Stadt: Wuppertal
Bundesland: Nordrhein-Westfalen
Zugelassene Pkw in 1000: 181,5
**Sehenswürdigkeiten:** In dieser
Stadt sind das Briller Viertel, die
Laurentiuskirche, das Straßen-
bahnmuseum, das Von-der-Heydt-
Museum, das Uhrenmuseum, die
Schwebebahn, die Schwimmoper
(Hallenbad), der Botanische Garten
und der Zoo für einen Ausflug zu
empfehlen.
www.wuppertal.de

**WA** (alt) → **KB**

**WAF** Warendorf
Landkreis; Kreisstadt: Warendorf
Bundesland: Nordrhein-Westfalen
Zugelassene Pkw in 1000: 159,5

**WAK** Wartburgkreis
Landkreis; Kreisstadt: Bad Salzungen
Bundesland: Thüringen
Zugelassene Pkw in 1000: 83,1

**WAN** (alt) → **HER**
**WAR** (alt) → **HX**
**WAT** (alt) → **BO**

**WB** Wittenberg
Landkreis; Kreisstadt: Wittenberg
Bundesland: Sachsen-Anhalt
Zugelassene Pkw in 1000: 70,5

**WBS** (alt) → **EIC**

**WD** (alt) → **GT**
**WDA** (alt) → **Z**

**WE** Weimar
Kreisfreie Stadt: Weimar
Bundesland: Thüringen
Zugelassene Pkw in 1000: 28,9

**WEB** (alt) → **WW**
**WEG** (alt) → **PA**
**WEL** (alt) → **LM**
**WEM** (alt) → **CUX**

**WEN** Weiden (Oberpfalz)
Kreisfreie Stadt: Weiden
Bundesland: Bayern
Zugelassene Pkw in 1000: 27,5

**WER** (alt) → **DLG**

**WES** Wesel
Landkreis; Kreisstadt: Wesel
Bundesland: Nordrhein-Westfalen
Zugelassene Pkw in 1000: 274,2

**WF** Wolfenbüttel
Landkreis; Kreisstadt: Wolfenbüttel
Bundesland: Niedersachsen
Zugelassene Pkw in 1000: 74,7

**WG** (alt) → **RV**

**WHV** Wilhelmshaven
Kreisfreie Stadt: Wilhelmshaven
Bundesland: Niedersachsen
Zugelassene Pkw in 1000: 41,5

**WI** Wiesbaden
Kreisfreie Stadt: Wiesbaden
Bundesland: Hessen
Zugelassene Pkw in 1000: 186,0
**Sehenswürdigkeiten:** Wiesbaden
hat für Kulturinteressierte unter an-
derem das Historische Fünfeck –
Schloßplatz, Schloss Biebrich,
Friedrichswerdersche Kirche,
Marktkirche mit Marktsäule, Russi-
sche Kirche, Kurhaus mit Spiel-
bank, Kurpark, Kaiser-Friedrich-
Bad und Schiersteiner Hafen zu
bieten.
www.wiesbaden.de

**WIL** Bernkastel-Wittlich
Landkreis; Kreisstadt: Wittlich
Bundesland: Rheinland-Pfalz
Zugelassene Pkw in 1000: 71,7

**WIS** (alt) → **NWM**
**WIT** (alt) → **EN**
**WIZ** (alt) → **ESW**
**WK** (alt) → **OPR**

**WL** Harburg
Landkreis; Kreisstadt: Winsen
Bundesland: Niedersachsen
Zugelassene Pkw in 1000: 152,7

**WLG** (alt) → **VG**

**WM** Weilheim-Schongau
Landkreis; Kreisstadt: Weilheim
Bundesland: Bayern
Zugelassene Pkw in 1000: 79,2

**WMS** (alt) → **BK**

**WN** Rems-Murr-Kreis
Landkreis; Kreisstadt: Waiblingen
Bundesland: Baden-Württemberg
Zugelassene Pkw in 1000: 249,4

**WND** St. Wendel
Landkreis; Kreisstadt: St. Wendel
Bundesland: Saarland
Zugelassene Pkw in 1000: 59,9

**WO** Worms
Kreisfreie Stadt: Worms
Bundesland: Rheinland-Pfalz
Zugelassene Pkw in 1000: 43,4

**WOB** Wolfsburg
Kreisfreie Stadt: Wolfsburg
Bundesland: Niedersachsen
Zugelassene Pkw in 1000: 121,9

**WOH** (alt) → **KS**
**WOL** (alt) → **OG**
**WOR** (alt) → **TÖL**
**WOS** (alt) → **FRG**
**WR** (alt) → **HZ**
**WRN** (alt) → **MÜR**
**WS** (alt) → **RO**
**WSF** (alt) → **BLK**

**WST** Ammerland
Landkreis; Kreisstadt: Wester-
stede
Bundesland: Niedersachsen
Zugelassene Pkw in 1000: 69,4

**WSW** (alt) → **GR**

**WT** Waldshut
Landkreis; Kreisstadt: Waldshut-
Tiengen
Bundesland: Baden-Württemberg
Zugelassene Pkw in 1000: 99,9

**WTL** (alt) → **OS**

**WTM** Wittmund
Landkreis; Kreisstadt: Wittmund
Bundesland: Niedersachsen
Zugelassene Pkw in 1000: 33,0

**WÜ** Würzburg
Landkreis/Kreisfreie Stadt:
Würzburg
Bundesland: Bayern
Zugelassene Pkw in 1000: 162,2

**WÜM** (alt) → **CHA**

**WUG** Weißenburg-
Gunzenhausen
Landkreis; Kreisstadt: Weißen-
burg
Bundesland: Bayern
Zugelassene Pkw in 1000: 58,5

**WUN** Wunsiedel
(Fichtelgebirge)
Landkreis; Kreisstadt: Wunsiedel
Bundesland: Bayern
Zugelassene Pkw in 1000: 50,7

**WUR** (alt) → **L**

**WW** Westerwaldkreis
Landkreis; Kreisstadt: Montabaur
Bundesland: Rheinland-Pfalz
Zugelassene Pkw in 1000: 127,6

**WZ** Wetzlar *(ab Juni 2012)*
Landkreis: Lahn-Dill-Kreis; Kreisstadt: Wetzlar
Bundesland: Hessen

**WZL** (alt) ➞ **BK**

**Z** Zwickau
Landkreis: Zwickauer Land; Kreisstadt: Werdau
Kreisfreie Stadt: Zwickau

Bundesland: Sachsen
Zugelassene Pkw in 1000: 204,5

**ZE** (alt) ➞ **ABI**
**ZEL** (alt) ➞ **COC**
**ZI** (alt) ➞ **GR**
**ZIG** (alt) ➞ **HR**
**ZP** (alt) ➞ **ERZ**
**ZR** (alt) ➞ **GRZ**
**ZS** (alt) ➞ **TF**

**ZW** Zweibrücken
Kreisfreie Stadt: Zweibrücken
Bundesland: Rheinland-Pfalz
Zugelassene Pkw in 1000: 21,8

**ZZ** (alt) ➞ **BLK**

# Autokennzeichen
# in Österreich (A)

**W V 25520 F** Österreichische Kennzeichen weisen links vor dem Wappen des jeweiligen Bundeslandes einen Buchstabenblock auf, der den Zulassungsbezirk des Wagens angibt. Er besteht – je nach Größe des Ortes – aus ein bis zwei Lettern; die Buchstaben sind Abkürzungen der Herkunftsorte. Darauf folgt eine Zahlen- und Buchstabenkombination, das sogenannte „Vormerkzeichen". Es ist vier- bis fünfstellig – in Landeshauptstädten und in Wien fünf- bis sechsstellig. Bei Standardkennzeichen muss das Vormerkzeichen mit einem Buchstaben beginnen und mit einer Ziffer enden; bei Wunschkennzeichen (z. B. L - HARRY 5) muss am Ende eine Ziffer stehen.

**Sonderkennzeichen:**

Bei Sonderkennzeichen folgen nach dem Buchstabenblock und dem Wappen lediglich Zahlen, z. B. A-1.

**A** Bundespräsident, Nationalratspräsident, Bundeskanzler, Minister, Gerichtshofpräsident, etc.

**B** Dienstfahrzeuge der Landesregierung Burgenland

**K** Dienstfahrzeuge der Landesregierung Kärnten

**N** Dienstfahrzeuge der Landesregierung Niederösterreich

**O** Dienstfahrzeuge der Landesregierung Oberösterreich
**S** Dienstfahrzeuge der Landesregierung Salzburg
**ST** Dienstfahrzeuge der Landesregierung Steiermark
**T** Dienstfahrzeuge der Landesregierung Tirol
**V** Dienstfahrzeuge der Landesregierung Vorarlberg
**W** Dienstfahrzeuge der Landesregierung Wien
**BD** Kraftfahrlinienverkehr Bundesbus
**BH** Bundesministerium für Landesverteidigung
**BP** Bundespolizei
**FV** Finanzverwaltung
**JW** Justizwache
**PT** Post- und Telegraphenverwaltung
Ausländische Vertretungen erhalten nach dem Buchstaben des jeweiligen Bundeslandes ein **D** für Diplomaten oder ein **K** für Konsuln (z.B. KK für den Konsul in Klagenfurt im Bundesland Kärnten). In einzelnen Städten und Bundesländern werden spezielle Fahrzeuggruppen durch die beiden Endbuchstaben bestimmten Dienstbereichen oder Funktionen zugeordnet, z.B.:
**FW** Feuerwehr
**MW** Mietwagen
**TX** Taxi

## Alphabetische Auflistung österreichischer Kennzeichen

**AM** Amstetten
**B** Bregenz
**BA** Bad Aussee
**BL** Bruck (Leitha)
**BM** Bruck (Mur)
**BN** Baden
**BR** Braunau (Inn)
**BZ** Bludenz
**DL** Deutschlandsberg

**DO** Dornbirn
Bundesland: Vorarlberg
Zugelassene Pkw in 1000: 39,0
**Sehenswürdigkeiten:** Wer die Stadtgemeinde in Vorarlberg besucht, sollte sich Zeit nehmen für den Marktplatz mit Rotem Haus und St-Martinskirche, die Pfarrkirche St. Leopold, das Rolls-Royce-Museum, das Krippenmuseum, das Naturmuseum inatura, den Stadtpark Dornbirn, das Bergdorf Ebnit, den Karren (Hausberg) und die Rappenlochschlucht mit Staufensee.
www.dornbirn.al

**E** Eisenstadt
**EF** Eferding
**EU** Eisenstadt-Umgebung
**FB** Feldbach
**FE** Feldkirchen
**FF** Fürstenfeld
**FK** Feldkirch
**FR** Freistadt

**G** Graz
Bundesland: Steiermark
Zugelassene Pkw in 1000: 116,3
**Sehenswürdigkeiten:** In der Landeshauptstadt der Steiermark sind Oper, Schloßberg mit Schloßbergbahn, Uhrturm, Domkirche St. Ägidius, Neue Galerie, Landeszeughaus, Schloss Eggenberg und Riegersburg als Ausflugsziele zu empfehlen.
www.graz.at

**GB** Gröbming
**GD** Gmünd
**GF** Gänserndorf
**GM** Gmunden
**GR** Grieskirchen
**GS** Güssing
**GU** Graz-Umgebung
**HA** Hallein
**HB** Hartberg
**HE** Hermagor
**HL** Hollabrunn
**HO** Horn

**I** Innsbruck
Bundesland: Tirol
Zugelassene Pkw in 1000: 50,6
**Sehenswürdigkeiten:** Goldenes Dachl und Maximilianeum, Helblinghaus, Stadtturm, Kaiserliche Hofburg, Schloss Ambras, Riesenrundgemälde, Tiroler Landestheater, Dom zu St. Jakob, Hofkirche, Museum im Zeughaus und Tiroler

Landesmuseum Ferdinandeum laden in Innsbruck zu einer Besichtigung ein.
www.innsbruck.at

**IL** Innsbruck-Land
**IM** Imst
**JE** Jennersdorf
**JO** St. Johann (Pongau)
**JU** Judenburg

**K** Klagenfurt
Bundesland: Kärnten
Zugelassene Pkw in 1000: 51,9
**Sehenswürdigkeiten:** Die am Wörthersee gelegene Stadt hat an Sehenswürdigkeiten unter anderem das Alte Rathaus, den Alten Platz, den Stadtpfarrturm, Schloss Annabichl, Schloss Mageregg, Schloss Maria-Loretto, den Klagenfurter Lindwurmbrunnen, den Dom St. Peter und Paul, die Stadtpfarrkirche, das Museum Moderner Kunst, das Kärntner Landesmuseum, das Robert Musil Literaturmuseum, das Virtuelle Schulmuseum und den Botanischen Garten zu bieten.
www.klagenfurt.at

**KB** Kitzbühel
**KF** Knittelfeld
**KI** Kirchdorf (Krems)
**KL** Klagenfurt-Land
**KO** Korneuburg
**KR** Krems-Land

**KS** Krems (Donau)
**KU** Bezirk Kufstein

**L** Linz
Bundesland: Oberösterreich
Zugelassene Pkw in 1000: 91,8
**Sehenswürdigkeiten:** Hauptplatz, Linzer Altstadt, Linzer Schloss mit Schlossmuseum, Alter Dom, Neuer Dom, Wallfahrtsbasilika Pöstlingberg, Martinskirche, Ars Electronica Center, Cowboymuseum, Zahnmuseum, Lentos Kunstmuseum, Nordico-Museum der Stadt Linz, Oberösterreichisches Landesmuseum, Grottenbahn, Botanischer Garten und Freinberg-Park bieten abwechslungsreiches Sightseeing in der drittgrößten Stadt Österreichs.
www.linz.at

**LA** Landeck
**LB** Leibnitz
**LE** Leoben
**LF** Lilienfeld
**LI** Liezen
**LL** Linz-Land
**LN** Bezirk Leoben
**LZ** Lienz
**MA** Mattersburg
**MD** Mödling
**ME** Melk
**MI** Mistelbach
**MU** Murau
**MT** Murtal

**MZ** Mürzzuschlag
**ND** Neusiedl am See
**NK** Neunkirchen
**OP** Oberpullendorf
**OW** Oberwart

**P** St. Pölten
Bundesland: Niederösterreich
Zugelassene Pkw in 1000: 29,8
**Sehenswürdigkeiten:** In der niederösterreichischen Stadt lohnen sich ein Besuch des Rathauses, des Riemerplatzes, des Herrenplatzes mit Markt, der Jugendstilvilla im Südpark, des Klangturms, der Ehemaligen Synagoge, der Domkirche, der Prandtauerkirche, des Festspielhauses, des Diözesanmuseums und des Niederösterreichischen Landesmuseums.
www.st-poelten.gv.at

**PE** Perg
**PL** St. Pölten-Land
**RA** Radkersburg
**RE** Reutte
**RI** Ried (Innkreis)
**RO** Rohrbach

**S** Salzburg
Bundesland: Land Salzburg
Zugelassene Pkw in 1000: 96,2
**Sehenswürdigkeiten:** Die an der Salzach gelegene Stadt zieht jährlich Millionen Besucher aus aller Welt an, die z. B. die Festung Hohensalzburg, die Salzburger Residenz, das Schloss Hellbrunn mit Park, Wasserspielen und Tierpark, die Schlösser Mirabell und Leopoldskron, die Getreidegasse, den Salzburger Dom, den Stift Sankt Peter, das Dommuseum Salzburg, das Museum der Moderne, das Salzburger Freilichtmuseum, das Barockmuseum, das Stille-Nacht-Museum, das Geburtshaus Mozarts und das Salzburger Marionettentheater sehen wollen.
www.salzburg.info

**SB** Scheibbs
**SD** Schärding
**SE** Steyr-Land, Steyr-Enns
**SL** Salzburg-Umgebung
**SP** Spittal (Drau)
**SR** Steyr
**SV** St. Veit (Glan)
**SW** Schwechat
**SZ** Schwaz
**TA** Tamsweg
**TU** Tulln
**UU** Urfahr-Umgebung
**VB** Vöcklabruck

**VI** Villach
Bundesland: Kärnten
Zugelassene Pkw in 1000: 30,4
**Sehenswürdigkeiten:** Die Kärntner Stadt bietet Sehenswürdigkeiten wie die Burgruine Landskron, den Römerweg, die Kirche „Zum Heiligen Kreuz", die Stadtpfarrkirche St. Jakob, das Fahrzeugmuseum, das Pilzmuseum, das Pup-

penmuseum, die Thermalquelle Maibachl und den Walther von der Vogelweide-Park.
www.villach.at

**VK** Völkermarkt
**VL** Villach-Land
**VO** Voitsberg

**W** Wien (Hauptstadt)
Bundesland: Land Wien
Zugelassene Pkw in 1000: 648,4
**Sehenswürdigkeiten:** Die Hauptstadt Österreichs hält Sehenswürdigkeiten für mehrere Tage Aufenthalt parat, darunter Burgtheater, Schloss Belvedere, Schloss Schönbrunn, Staatsoper, Jesuitenkirche, Stephansdom, Hofburg mit Sisi-Museum, Leopold-Museum, Kunsthistorisches Museum, MuseumsQuartier, Hundertwasserhaus, Prater und Spanische Hofreitschule.
www.wien.gv.at

**WB** Wiener Neustadt-Land

**WE** Wels
Bundesland: Oberösterreich
Zugelassene Pkw in 1000: 30,6
**Sehenswürdigkeiten:** Die zweitgrößte Stadt in Oberösterreich bietet interessante Sehenswürdigkeiten wie die Burg Wels, das Schloss Pollheim, die Herz-Jesu-Kirche, die Kalvarienbergkirche, das Dragonermuseum und das Stadtmuseum.
www.wels.at

**WL** Wels-Land
**WN** Wiener Neustadt
**WO** Wolfsberg
**WT** Waidhofen (Thaya)
**WU** Wien-Umgebung
**WY** Waidhofen (Ybbs)
**WZ** Weiz
**ZE** Zell am See
**ZT** Zwettl

# Autokennzeichen
# in der Schweiz (CH)

**BE·522 326** Auf Nummernschildern, die am Fahrzeugheck angebracht sind, ist links das Schweizer Landeswappen abgebildet, dann folgen zwei Buchstaben, die den Kanton angeben. Die darauf folgenden Ziffern werden von 1 bis 999 999 durchnummeriert, bevor das Kennzeichen mit dem jeweiligen Kantonswappen abschließt. Die vorderen Kontrollschilder – so lautet die offizielle schweizerische Bezeichnung für Autokennzeichen – sind meist etwas kleiner und enthalten keine Wappen. Hier findet man nur das Kantonskürzel mit Erkennungsnummer.

Sonderkennzeichen:

Zivile Fahrzeuge der Bundesbehörden tragen das Wappen der Schweiz, gefolgt von einem **A** (= Administration) und einer fünfstelligen Nummer, deren erste Ziffer für das sogenannte „Eidgenössische Departement" (Ministerium) steht, zu dem das Fahrzeug gehört:

**1** Departement für auswärtige Angelegenheiten

**2** Departement des Innern

**3** Justiz- und Polizeidepartement

**4** Departement für Verteidigung, Bevölkerungsschutz und Sport

**5** Finanzdepartement

**6** Volkswirtschaftsdepartement

**7** Departement für Umwelt, Verkehr, Energie und
  Kommunikation
Fahrzeuge des Diplomatischen und Konsularischen
Corps erkennt man an den Buchstabencodes **CD** bzw.
**CC**. Die Kombination **AT** (Aide Technique) wird ver-
wendet bei Fahrzeugen für das administrative und
technische Personal diplomatischer Missionen. Die
weißen Buchstaben sind farbig hinterlegt und befinden
sich links vor dem Kantonskürzel.

Eine Reihe weiterer Sonderkennzeichen schließt rechts
nach der Ziffernkombination mit einem einzelnen
Buchstaben ab:
**U** Händlerfahrzeug
**V** Mietwagen[*]
**Z** Zollschilder (befristet gültig)

Arbeitsfahrzeuge (z.B. Feuerwehr) haben blaue, land-
wirtschaftliche Fahrzeuge grüne Nummernschilder.
Sogenannte Ausnahmefahrzeuge (z.B. Kran) haben
braune Nummernschilder. Militärfahrzeuge tragen
schwarze Schilder mit weißer Schrift, die Kennzeichen
beginnen mit dem Buchstaben **M**.

[*] Nicht mehr in Gebrauch; Mietwagen sind aus Sicher-
heitsgründen häufig in den (versicherungsgünstigen)
Kantonen VD oder AI angemeldet.

## Alphabetische Auflistung schweizerischer Kennzeichen

**AG** Aargau
**AI** Appenzell Innerrhoden
**AR** Appenzell Ausser-
rhoden

**BE** Bern
Zugelassene Pkw im Kanton
in 1000: 465,2

***Bern** (Hauptstadt)* *
**Sehenswürdigkeiten:** In der be-
schaulichen Hauptstadt der
Schweiz gibt es viel zu besichti-
gen: Albert-Einstein-Haus, Goti-
sches Rathaus, Holländerturm,
Käfigturm, Bärengraben, Kindli-
fresserbrunnen, Kornhaus, Orangerie Elfenau, Schloss Bümpliz,
Münster St. Vinzenz, Dreifaltig-
keitskirche, Museum für Kommunikation, Kunstmuseum, Historisches Museum, Alpines Museum,
Zentrum Paul Klee und Marzili-
bahn.
www.bern.ch

***Biel** (frz. Bienne)*
**Sehenswürdigkeiten:** Die zweitgrößte Stadt des Kantons Bern
bietet Besuchern das Bäsätööri,
die Schmiedengasse, den
Schüsskanal, den Marktplatz, den
Turm am Nordrand der Altstadt,
die Stadtkirche und das Museum
Schwab.
www.biel.ch

**BL** Basel-Landschaft
**BS** Basel-Stadt
Zugelassene Pkw im Kanton
in 1000: 66,3

***Basel***
**Sehenswürdigkeiten:** Am Dreilän-
dereck Schweiz/Deutschland/
Frankreich gelegen, hält die Stadt
Basel Folgendes an Sehenswür-
digkeiten bereit: Rathaus, Messe-
turm, Fasnachtsturm, Spalentor,
Basler Münster, Betonkirche St.
Antonius, Fischmarkt, Anatomi-
sches Museum, Kunstmuseum
Basel, Architekturmuseum, Jean-
Tinguely-Museum, Schaulager
und Basler Papiermühle.
www.basel.ch

**FR** Freiburg

**GE** Genf
Zugelassene Pkw im Kanton
in 1000: 224,9

***Genf***
**Sehenswürdigkeiten:** Genf im
gleichnamigen Kanton ist die
zweitgrößte Stadt der Schweiz.
Für einen Besuch sind z. B. Jet
d'Eau, Geburtshaus von Jean-
Jacques Rousseau, Völkerbund-
palast, Kathedrale St. Pierre,
Internationales Rotkreuz- und Rot-
halbmondmuseum, Musée d'Art et

d'Histoire, Internationaler Autosalon, Englischer Garten und Quai du Mont-Blanc zu empfehlen.
www.genf.ch

**GL** Glarus
**GR** Graubünden
**JU** Jura

**LU** Luzern
Zugelassene Pkw im Kanton in 1000: 168,9

*Luzern*
**Sehenswürdigkeiten:** Wer nach Luzern kommt, sollte Zeit für Kapellbrücke mit Wasserturm, Löwendenkmal, Altes Rathaus, Raddampfer, Verkehrshaus der Schweiz, Hofkirche, Matthäuskirche, Jesuitenkirche, Sammlung Rosengart, Picasso-Museum, Historisches Museum im Zeughaus, Gletschergarten und Pilatus (Hausberg) mit Zahnradbahn einplanen.
www.luzern.ch

**NE** Neuenburg
**NW** Nidwalden
**OW** Obwalden

**SG** St. Gallen
Zugelassene Pkw im Kanton in 1000: 224,9
*St. Gallen*

**Sehenswürdigkeiten:** Bank Wegelin, Stickereibörse, ehemalige Benediktinerabtei mit Kathedrale, Stiftsbibliothek, Stadtkirche St. Laurenzen mit begehbarem Turm, Historisches und Völkerkundemuseum, Textilmuseum, Kunsthalle St. Gallen und Wildpark Peter und Paul sind Highlights bei einer Reise in die auf rund 700 Metern gelegene Stadt.
www.stadt.sg.ch
www.st.gallen.ch

**SH** Schaffhausen
**SO** Solothurn
**SZ** Schwyz
**TG** Thurgau

**TI** Tessin
Zugelassene Pkw im Kanton in 1000: 194,9

*Lugano*
**Sehenswürdigkeiten:** Lugano im Kanton Tessin bietet für Touristen z. B. die Kathedrale San Lorenzo, die Kirche Santa Maria degli Angioli, das Historische Museum, das Museum der außereuropäischen Kultur, das Städtische Kunstmuseum, den Parco Civico, den Palazzo Civico, den Monte San Salvatore, den Monte Brè und das Dorf Gandria.
www.lugano.ch

**UR** Uri

**VD** Waadt
Zugelassene Pkw im Kanton
in 1000: 354,1

### Lausanne
**Sehenswürdigkeiten:** Bundesgericht, Haus Villamont, Hôtel d'Angleterre, Jacquemard-Turm, Rathaus, Schloss Saint-Maire, Théâtre de Beaulieu, Kathedrale Notre-Dame, Musée Olympique, Hafen Ouchy – die Metropole am Genfer See lädt zu einem längeren Aufenthalt ein.
www.lausanne.ch

**VS** Wallis
**ZG** Zug

**ZH** Zürich
Zugelassene Pkw im Kanton
in 1000: 652,30

### Zürich
**Sehenswürdigkeiten:** Solbot die größte Stadt der Schweiz strahlt Gemütlichkeit aus, wenn man dort umherschlendert: Bahnhofstrasse und Augustinergasse, Fraumünsterkirche, Grossmünster und Wasserkirche, Money-Museum, Schweizerisches Landesmuseum, Kunsthaus Zürich, Spielzeugmuseum, Zoologisches Museum und Botanischer Garten erwarten den Besucher.
www.stadt-zuerich.ch
www.zuerich.ch

### Winterthur
**Sehenswürdigkeiten:** Burg Alt-Wülflingen, Schloss Hegi, Villa Flora, Kirche Veltheim, Stadtkirche, Uhrensammlung Kellenberger im Gewerbemuseum, Fotomuseum, Technorama, Museum Oskar Reinhart am Stadtgarten und Sammlung Oskar Reinhart am Römerholz – als Besucher von Winterthur wird einem nicht langweilig.
www.stadt.winterthur.ch

# Autokennzeichen in anderen europäischen Ländern

## Albanien (AL)

 Albanische Kennzeichen beginnen mit einem Buchstabenpaar, das den Zulassungsbezirk angibt. Danach folgen eine vierstellige Zahl und ein weiterer Buchstabe. Bei den hier nachfolgend in Klammern angegebenen Orten handelt es sich um Kreishauptstädte.

| | | | | |
|---|---|---|---|---|
| **BČ** | Tropojë (Bairim Curri) | | **KV** | Kuçovë |
| **BR** | Berat | | **LA** | Laç |
| **BZ** | Bulquizë | | **LB** | Librazhd |
| **DI** | Dibre | | **LE** | Lezhë |
| **DL** | Delvinë | | **LU** | Lushnjë |
| **DR** | Durrës | | **MA** | Mallakastër |
| **DV** | Devolli | | **MR** | Mirditë |
| **EL** | Elbasan | | **MT** | Mat |
| **ER** | Kolonjë (Ersekë) | | **PE** | Peqin |
| **FR** | Fier | | **PG** | Pogradec |
| **GJ** | Gjirokastër | | **PR** | Permet |
| **GR** | Gramsh | | **PU** | Pukë |
| **HS** | Has | | **SH** | Shkodër |
| **KJ** | Kavajë | | **SK** | Skrapar |
| **KO** | Korçë | | **SR** | Sarandë |
| **KR** | Krujë | | **TP** | Tepelenë |
| **KU** | Kukës | | **TR** | Tiranë (Tirana, Hauptstadt) |
| | | | **VL** | Vlorë (Valona) |

### Andorra (AND)

Auf den Nummernschildern des kleinen Staates ist „Principat d'Andorra" zu lesen, links ist groß das Landeswappen abgedruckt. Die Kennzeichen setzen sich aus einem Buchstaben und einer vierstelligen Zahl zusammen, die keine Auskunft über die regionale Herkunft geben. Hauptstadt: Andorra La Vella

### Belgien (B)

**BVL - 950**

Belgische Kennzeichen erkennt man an der typischen roten Schrift auf weißem Grund. Sie bestehen aus drei Buchstaben und einem dreistelligen Ziffernblock, die nichts über den Herkunftsort aussagen. Das hintere Kennzeichen ist schmaler als das vordere, oftmals fehlt auch die blaue Europabanderole. Hauptstadt: Brüssel

### Bosnien und Herzegowina (BIH)

**511-F-433**

Vor mehreren Jahren wurde in Bosnien und Herzegowina aufgrund der ethnischen Konflikte ein neues Kennzeichensystem eingeführt, das keine Rückschlüsse mehr auf die Herkunftsprovinz zulässt. Aktuelle Nummernschilder setzen sich aus sechs Ziffern zusammen, die in der Mitte durch einen Buchstaben abgetrennt werden. Ältere Kennzeichen beginnen mit zwei (drei) Buchstaben, die den Herkunftsort des Wagens angeben, danach folgt eine Kombination aus Zahlen und Buchstaben.

| | | | |
|---|---|---|---|
| **BČ** | Brčko | **MG** | MrkonjičGrad |
| **BI** | Bihac | **MO** | Mostar |
| **BL** | Banja Luka | **PD** | Prijedor |
| **BN** | Bijeljina | **SA** | Sarajevo (Hauptstadt) |
| **BU** | Bugojno | **SC** | Sokolac |
| **ČP** | Čapljina | **TB** | Trebinje |
| **DO** | Doboj | **TD** | Titov Drvar |
| **GŽ** | Goražde | **TR** | Travnik |
| **JC** | Jajce | **TZ** | Tuzla |
| **KNJ** | Konjic | **VI** | Visoko |
| **LI** | Livno | **ZE** | Zenica |
| **MD** | Modriča | **ZV** | Zvornik |

## Bulgarien (BG)

**CO 2365 BJ**    Bulgarische Kennzeichen beginnen mit ein bis zwei Buchstaben, die den Herkunftsbezirk angeben. Es folgen vier Ziffern und zwei weitere Buchstaben, bei älteren Kennzeichen nur ein Buchstabe.

| | | | |
|---|---|---|---|
| **A** | Burgas | **H** | Šumen |
| **B** | Varna | **K** | Kârdžali |
| **BH** | Vidin | **KH** | Kjustendil |
| **BP** | Vraca | **M** | Montana |
| **BT** | Veliko Tŏrnovo | **OB** | Loveč |
| **C** | Sofija (Sofia, Hauptstadt) | **P** | Ruse |
| **CC** | Silistra | **PA** | Pazardžik |
| **CH** | Sliven | **PB** | Plovdiv |
| **CM** | Smoljan | **PK** | Pernik |
| **CO** | Sofija-Land | **PP** | Razgrad |
| **CT** | Stara Zagora | **T** | Tărgovište |
| **E** | Blagoevgrad | **TX** | Dobrih |
| **EB** | Gabrovo | **X** | Haskovo |
| **EH** | Pleven | **Y** | Jambol |

## Dänemark (DK)

**MN 43 599** Dänische Autokennzeichen (bestehend aus zwei Buchstaben und einer fünfstelligen Zahl) geben keinen Aufschluss darüber, aus welcher Stadt oder Region ein Fahrzeug stammt. Eine Ausnahme bilden die Kennzeichen der Färöer mit **FO**. Bei Pkw ist das Nummernschild weiß mit schwarzer Schrift und einem roten Rand, Schilder für Lkw und Lieferfahrzeuge sind gelb, Schrift und Umrandung sind hier schwarz.
Hauptstadt: Kopenhagen

## Estland (EST)

**353 BTN** Estnische Kennzeichen bestehen aus drei Ziffern, gefolgt von drei Buchstaben. Der erste Buchstabe gibt an, in welchem Distrikt das Fahrzeug gemeldet ist.

| | | | |
|---|---|---|---|
| **A** | Tallinn (Hauptstadt) | **L** | Ralpa |
| **B** | Tallinn | **M** | Harju |
| **D** | Viljandi | **N** | Narva |
| **F** | Pärnu | **O** | Põlva |
| **G** | Valga | **P** | Paide |
| **H** | Hiiumaa | **R** | Rakvere |
| **I** | Jõhvi | **S** | Haapsalu |
| **J** | Jõgeva | **T** | Tartu |
| **K** | Kuressaare | **V** | Võru |

### Europäische Union (EUR)

**:EUR: 2083**  Dienstfahrzeuge von Beamten der Europäischen Union sind mit speziellen Kennzeichen versehen. Sie werden in Brüssel vergeben und lassen keine Rückschlüsse auf den Herkunftsort des Wagens zu. Die Kennzeichen sind weiß mit blauer Schrift, links finden sich die Buchstaben **EUR** in einem Sternenkreis. Darauf folgt ein vierstelliger Ziffernblock.

### Finnland (FIN)

**FIN TVS·627**  Ein regionales Nummernsystem existiert in Finnland nicht. Die Kennzeichen bestehen aus zwei bis drei Buchstaben, nach einem Bindestrich folgt eine Zahlenkombination. Eine Ausnahme bildet das Kennzeichen der Åland-Inseln (beginnend mit **Å**). Lkw-Kennzeichen beginnen immer mit **P**. Hauptstadt: Helsinki

## Frankreich (F)

Französische Kennzeichen beginnen mit maximal vier Ziffern, denen bis zu drei Buchstaben folgen. Danach stehen nochmals zwei Ziffern, die das französische Département (Verwaltungseinheit) angeben, aus dem der Wagen stammt (Liste siehe unten). Die Fahrzeuge tragen vorne ein weißes und am Heck ein gelbes Nummernschild. Das blaue Europaband ist seit 2004 Pflicht.

2008 wurde in Frankreich ein ganz neues Kennzeichensystem eingeführt: Die Farbe der Nummernschilder ist vorn und hinten einheitlich gelb. Zudem werden nun alle Kennzeichen landesweit fortlaufend und ohne Regionalkennung vergeben. Die Nummer des Départements entfällt somit, kann aber – wie in Italien – wahlweise in einem neuen blauen Balken am rechten Schildrand abgedruckt werden.

| | | | |
|---|---|---|---|
| 1 | Ain | 13 | Bouches-du-Rhône |
| 2 | Aisne | 14 | Calvados |
| 3 | Allier | 15 | Cantal |
| 4 | Alpes de Haute-Provence | 16 | Charente |
| | | 17 | Charente-Maritime |
| 5 | Hautes-Alpes | 18 | Cher |
| 6 | Alpes-Maritimes | 19 | Corrèze |
| 7 | Ardèche | 2A | Corse-du-Sud |
| 8 | Ardennes | 2B | Haute-Corse |
| 9 | Ariège | 21 | Côte-d'Or |
| 10 | Aube | 22 | Côtes-d'Armor |
| 11 | Aude | 23 | Creuse |
| 12 | Aveyron | 24 | Dordogne |

| | | | | |
|---|---|---|---|---|
| 25 | Doubs | | 61 | Orne |
| 26 | Drôme | | 62 | Pas-de-Calais |
| 27 | Eure | | 63 | Puy-de-Dôme |
| 28 | Eure-et-Loir | | 64 | Pyrénées-Atlantiques |
| 29 | Finistère | | 65 | Hautes-Pyrénées |
| 30 | Gard | | 66 | Pyrénées-Orientales |
| 31 | Haute-Garonne | | 67 | Bas-Rhin |
| 32 | Gers | | 68 | Haut-Rhin |
| 33 | Gironde | | 69 | Rhône |
| 34 | Hérault | | 70 | Haute-Saône |
| 35 | Ille-et-Vilaine | | 71 | Saône-et-Loire |
| 36 | Indre | | 72 | Sarthe |
| 37 | Indre-et-Loire | | 73 | Savoie |
| 38 | Isère | | 74 | Haute-Savoie |
| 39 | Jura | | 75 | Paris (Hauptstadt) |
| 40 | Landes | | 76 | Seine-Maritime |
| 41 | Loir-et-Cher | | 77 | Seine-et-Marne |
| 42 | Loire | | 78 | Yvelines |
| 43 | Haute-Loire | | 79 | Deux-Sèvres |
| 44 | Loire-Atlantique | | 80 | Somme |
| 45 | Loiret | | 81 | Tarn |
| 46 | Lot | | 82 | Tarn-et-Garonne |
| 47 | Lot-et-Garonne | | 83 | Var |
| 48 | Lozère | | 84 | Vaucluse |
| 49 | Maine-et-Loire | | 85 | Vendeé |
| 50 | Manche | | 86 | Vienne |
| 51 | Marne | | 87 | Haute-Vienne |
| 52 | Haute-Marne | | 88 | Vosges |
| 53 | Mayenne | | 89 | Yonne |
| 54 | Meurthe-et-Moselle | | 90 | Territoire-de-Belfort |
| 55 | Meuse | | 91 | Essonne |
| 56 | Morbihan | | 92 | Hautes-de-Seine |
| 57 | Moselle | | 93 | Seine-Saint-Denis |
| 58 | Nièvre | | 94 | Val-de-Marne |
| 59 | Nord | | 95 | Val-d'Oise |
| 60 | Oise | | | |

## Griechenland (GR)

YZB · 6257

Griechische Kennzeichen bestehen aus drei Buchstaben, denen eine vierstellige Zahlenkombination folgt. Die ersten beiden Buchstaben geben den Meldedistrikt an. In der folgenden Liste sind die jeweiligen Distrikthauptstädte in Klammern angegeben, sofern ihr Name nicht mit dem des zugehörigen Distrikts übereinstimmt.

| | | | |
|---|---|---|---|
| **AA** | Achäa (Patras) | **BT** | Magnesia (Volos) |
| **AB** | Kavala | **BX** | Piräus |
| **AE** | Lasithi/Kreta (Agios Nikolaos) | **BY** | Böotien (Levadia) |
| **AH** | Xanthi | **BZ** | Piräus |
| **AI** | Agrinio | **EA** | Kos |
| **AK** | Lakonien (Sparta) | **EB** | Evros (Alexandroupolis) |
| **AM** | Phokis (Amfissa) | **EE** | Pella (Edessa) |
| **AN** | Lasithi/Kreta (Agios Nikolaos) | **EH** | Euböa (Chalkis) |
| **AO** | Achäa (Patras) | **EI** | Euböa |
| **AP** | Argolis (Nauplion) | **EM** | Kykladen (Ermoupolis) |
| **AT** | Arta | **EN** | Kykladen |
| **AX** | Achäa (Patras) | **EO** | Kykladen |
| **AY** | Achäa | **EP** | Serres |
| **AZ** | Achäa | **ET** | Korfu |
| **BA** | Magnesia (Volos) | **EX** | Kilkis |
| **BB** | Magnesia | **EY** | Lefkas |
| **BE** | Piräus | **EZ** | Kykladen (Ermoupolis) |
| **BH** | Piräus | **HA** | Elis (Pyrgos) |
| **BI** | Böotien (Levadia) | **HB** | Athen (Hauptstadt) |
| **BK** | Attika Ost | **HE** | Elis (Pyrgos) |
| **BM** | Attika Ost | **HH** | Heraklion/Kreta |
| **BN** | Attika West | **HI** | Heraklion/Kreta |
| **BO** | Magnesia (Volos) | **HK** | Heraklion/Kreta |
| **BP** | Attika West | **HM** | Imathia |
| | | **HN** | Thesprotia (Igoumenitsa) |
| | | **HO** | Xanthi |

| | | | |
|---|---|---|---|
| HP | Heraklion/Kreta | MN | Kozani |
| HX | Imathia | MO | Samos |
| HY | Phthiotis (Lamia) | MP | Lakonien (Sparta) |
| HZ | Heraklion/Kreta | MT | Lesbos (Mytilene) |
| IB | Athen | MX | Evros (Alexandroupolis) |
| IE | Athen | MY | Lesbos (Mytilene) |
| IH | Athen | MZ | Messenien (Kalamata) |
| II | Ioannina | NA | Thessaloniki |
| IK | Athen | NB | Thessaloniki |
| IM | Athen | NE | Thessaloniki |
| IN | Ioannina | NH | Thessaloniki |
| IO | Athen | NI | Thessaloniki |
| IP | Athen | NK | Thessaloniki |
| IT | Athen | NM | Thessaloniki |
| IX | Serres | NN | Thessaloniki |
| IY | Athen | NO | Thessaloniki |
| KA | Karditsa | NP | Thessaloniki |
| KB | Kavala | NT | Thessaloniki |
| KE | Kephallonia (Argostoli) | NX | Thessaloniki |
| KH | Evritania (Karpenissi) | NY | Thessaloniki |
| KI | Kilkis | NZ | Thessaloniki |
| KK | Rodhopi (Komotini) | OA | Athen |
| KM | Messenien (Kalamata) | OB | Athen |
| KN | Pieria (Katerini) | OE | Athen |
| KO | Rodhopi (Komotini) | OH | Athen |
| KP | Korinth | OI | Athen |
| KT | Kastoria | OK | Athen |
| KX | Kos | OM | Athen |
| KY | Korfu | ON | Athen, Drama |
| KZ | Kozani | OO | Athen |
| MA | Chalkidiki (Polygyros) | OP | Orestiada |
| MB | Samos | OT | Athen |
| ME | Ätolien-Akarnanien (Messolonghi) | OX | Athen |
| | | OY | Athen |
| MH | Limnos (Myrina) | OZ | Athen |
| MI | Phthiotis (Lamia) | PA | Florina |
| MK | Karditsa | PB | Korinth |
| MM | Pella (Edessa) | PE | Rethymnon/Kreta |

| | | | |
|---|---|---|---|
| PH | Rethymnon/Kreta | XP | Athen |
| PI | Larissa | XT | Athen |
| PK | Rhodos | XX | Athen |
| PM | Drama | XY | Athen |
| PN | Grevena | XZ | Athen |
| PO | Dodekanes (Rhodos) | YA | Athen |
| PP | Larissa | YB | Athen |
| PT | Larissa | YE | Athen |
| PX | Dodekanes (Rhodos) | YH | Athen |
| PY | Dodekanes | YI | Piräus |
| PZ | Preveza | YK | Piräus |
| TB | Korfu | YM | Piräus |
| TE | Korfu | YN | Piräus |
| TH | Agrinio | YO | Attika Ost |
| TI | Pieria (Katerini) | YP | Attika Ost |
| TK | Trikala | YT | Attika Ost |
| TM | Argolis (Nauplion) | YX | Attika West |
| TN | Trikala | YY | Attika West |
| TO | Drama | YZ | Athen |
| TP | Arkadien (Tripoli) | ZA | Zakynthos |
| TT | Rodhopi (Komotini) | ZB | Zakynthos |
| TX | Preveza | ZE | Thessaloniki |
| TY | Chania/Kreta | ZH | Athen |
| TZ | Piräus | ZI | Thessaloniki |
| XA | Euböa (Chalkis) | ZK | Athen |
| XB | Chanla/Kreta | ZM | Athen |
| XE | Athen | ZN | Piräus |
| XH | Athen | ZO | Thessaloniki |
| XI | Chios | ZP | Piräus |
| XK | Chalkidiki (Polygyros) | ZT | Attika West |
| XM | Athen | ZX | Attika Ost |
| XN | Chania/Kreta | ZY | Attika Ost |
| XO | Chios | | |

### Großbritannien (GB)

**LB 05 RYH** Britische Autokennzeichen beginnen mit einem Buchstabenpaar, anhand dessen sich der Herkunftsort des Fahrzeugs bestimmen lässt. Danach folgen zwei Ziffern, die das Jahr der Erstzulassung angeben, und wieder drei Buchstaben. Dieses System wurde 2001 eingeführt. Am Fahrzeugheck montierte Nummernschilder sind gelb, vorne angebrachte Schilder weiß – die Schrift ist jeweils schwarz.

Vor 2001 ausgegebene britische Kennzeichen sind immer noch verbreitet. Sie setzten sich wie folgt zusammen: An einen einzelnen Buchstaben – er gibt in verschlüsselter Form das Jahr der Erstzulassung an – schließt unmittelbar ein bis zu dreistelliger Ziffernblock an; nach einem Zwischenraum folgt dann ein dreistelliger Buchstabenblock (z. B. W764 LRH). Die letzten beiden Lettern dieses Buchstabenblocks geben an, in welchem Bezirk ein Fahrzeug zugelassen ist. Die nachfolgenden Code-Listen beschränken sich auf das 2001 eingeführte Kennzeichensystem.

### Erstzulassungs-Codes (ab 2001):

| Jahr | März | September | Jahr | März | September |
|------|------|-----------|------|------|-----------|
| 2001 |      | **51**    | 2007 | **07** | **57** |
| 2002 | **02** | **52**  | 2008 | **08** | **58** |
| 2003 | **03** | **53**  | 2009 | **09** | **59** |
| 2004 | **04** | **54**  | 2010 | **10** | **60** |
| 2005 | **05** | **55**  | 2011 | **11** | **61** |
| 2006 | **06** | **56**  | 2012 | **12** | **62** |

| | | | | |
|---|---|---|---|---|
| AA-AH | Peterborough | | KR-KY | Northampton |
| AJ-AN | Peterborough | | LA-LH | Wimbledon |
| AO-AP | Norwich | | | (London, Hauptstadt |
| AS-AU | Norwich | | | England) |
| AV-AY | Ipswich | | LJ | Wimbledon |
| BA-BH | Birmingham | | LK-LP | Stanmore (London) |
| BK-BP | Birmingham | | LR-LT | Stanmore (London) |
| BR-BY | Birmingham | | LU-LY | Sidcup (London) |
| CA-CH | Cardiff (Hauptstadt | | MA-MH | Manchester |
| | Wales) | | MJ-MP | Manchester |
| CJ-CO | Cardiff | | MR-MY | Manchester |
| CP-CV | Swansea | | NA-NH | Newcastle |
| CW-CY | Bangor | | NJ-NN | Newcastle |
| DA-DH | Chester | | NP | Stockton |
| DJ-DK | Chester | | NR-NY | Stockton |
| DL-DP | Shrewsbury | | OA-OH | Oxford |
| DR-DY | Shrewsbury | | OJ-OP | Oxford |
| EA-EH | Chelmsford | | OR-OY | Oxford |
| EJ-EP | Chelmsford | | PA-PH | Preston |
| ER-EY | Chelmsford | | PJ-PP | Preston |
| FA-FH | Nottingham | | PR-PT | Preston |
| FJ-FN | Nottingham | | PU-PY | Carlisle |
| FP | Nottingham | | RA-RH | Reading |
| FR-FT | Lincoln | | RJ-RP | Reading |
| FV-FY | Lincoln | | RR-RY | Reading |
| GA-GH | Maidstone | | SA-SH | Glasgow |
| GJ-GO | Maidstone | | SJ | Glasgow |
| GP-GY | Brighton | | SK-SO | Edinburgh (Haupt- |
| HA-HH | Bournemouth | | | stadt Schottland) |
| HJ | Bournemouth | | SP | Dundee |
| HK-HP | Portsmouth | | SR-SU | Dundee |
| HR-HV | Portsmouth | | SV-SW | Aberdeen |
| HW | Isle of Wight | | SX-SY | Inverness |
| HX-HY | Portsmouth | | VA-VH | Worcester |
| KA-KH | Luton | | VJ-VP | Worcester |
| KJ-KL | Luton | | VR-VY | Worcester |
| KM-KP | Northampton | | WA-WH | Exeter |

| | | | | |
|---|---|---|---|---|
| **WJ** | Exeter | **YA-YH** | Leeds |
| **WK-WL** | Truro (Isles of Scilly) | **YJ-YK** | Leeds |
| **WM-WN** | Bristol | **YL-YP** | Sheffield |
| **WP** | Bristol | **YR-YU** | Sheffield |
| **WR-WY** | Bristol | **YV-YY** | Beverly (Hull) |

Die Kennzeichen der **Isle of Man (GBM)** enthalten immer die beiden Buchstaben **MN**. Zudem verraten ein Schriftzug am Kopf des Nummernschildes sowie die Inselflagge am linken Schildrand die Fahrzeugherkunft. Seit 1987 beginnen die Kennzeichen mit **BMN, CMN, DMN**, usw. Dann folgen drei Ziffern und ein Endbuchstabe.

Auf den **Kanalinseln** sehen die Nummernschilder folgendermaßen aus:

**Alderney (GBA): AY**, gefolgt von 1 bis 4 Ziffern

**Guernsey (GBG):** reine Ziffernabfolge

**Jersey (GBJ): J,** gefolgt von 1 bis 5 Ziffern

In **Nordirland** gibt es ein eigenes Kennzeichensystem: Die Autokennzeichen bestehen aus drei Buchstaben, denen ein vierstelliger Zahlenblock folgt. Die beiden letzten Buchstaben geben den Zulassungsort an.

| | | | |
|---|---|---|---|
| **AZ** | Belfast (Hauptstadt) | **IG** | Fermanagh |
| **BZ** | Down | **IJ** | Down |
| **CZ** | Belfast | **IL** | Fermanagh |
| **DZ** | Antrim | **IW** | Londonderry/Derry |
| **EZ** | Belfast | **JI** | Tyrone |
| **FZ** | Belfast | **JZ** | Down |
| **GZ** | Belfast | **KZ** | Antrim |
| **HZ** | Tyrone | **LZ** | Armagh |
| **IA** | Antrim | **MZ** | Belfast |
| **IB** | Armagh | **NZ** | Londonderry/Derry |

| | | | |
|---|---|---|---|
| OI | Belfast | UZ | Belfast |
| OZ | Belfast | VZ | Tyrone |
| PZ | Belfast | WZ | Belfast |
| RZ | Antrim | XI | Belfast |
| SZ | Down | XZ | Armagh |
| TZ | Belfast | YZ | Londonderry/Derry |
| UI | Londonderry/Derry | ZU | Belfast |

## Irland (IRL)

Auf irischen Kennzeichen stehen zuerst zwei Ziffern, danach folgt die Abkürzung der Stadt bzw. Grafschaft (ein bis zwei Buchstaben). Am Ende steht eine Registrierungsnummer. Die ersten beiden Zahlen geben das Zulassungsjahr an (z.B. 97 = 1997). Das Kürzel der Grafschaft bzw. Stadt leitet sich aus der englischen Bezeichnung ab, die gälische steht ausgeschrieben darüber.

| | | | |
|---|---|---|---|
| C | Cork | LS | Leix |
| CE | Claro | MH | Meath |
| CN | Cavan | MN | Monaghan |
| CW | Carlow | MO | Mayo |
| D | Dublin (Hauptstadt) | OY | Offaly |
| DL | Donegal | RN | Roscommon |
| G | Galway | SO | Sligo |
| KE | Kildare | TN | Tipperary North Riding |
| KK | Kilkenny | TS | Tipperary South Riding |
| KY | Kerry | | |
| L | Limerick (Stadt) | W | Waterford (Stadt) |
| LD | Longford | WD | Waterford (Land) |
| LH | Louth | WH | Westmeath |
| LK | Limerick (Land) | WW | Wicklow |
| LM | Leitrim | WX | Wexford |

## Island (IS)

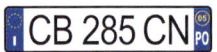 Isländische Kennzeichen bestehen aus zwei Buchstaben und drei Ziffern. Sie werden fortlaufend vergeben und lassen keine Rückschlüsse auf den genauen Herkunftsort des Fahrzeugs zu. Hauptstadt: Reykjavík

## Italien (I)

Noch heute sieht man in Italien viele Autos mit Nummernschildern, die vor 1994 ausgegeben wurden. Sie sind entweder schwarz mit weißer oder weiß mit schwarzer Aufschrift. Die ersten beiden früher in Orange gedruckten Buchstaben stehen für die Provinz, in der das Fahrzeug gemeldet ist. Danach folgt eine Kombination aus Zahlen und Buchstaben.

Seit der Einführung eines neuen Systems im Jahr 1994 lässt der Buchstaben-Ziffern-Code keine Rückschlüsse mehr auf die Herkunftsprovinz zu, Zahlen und Buchstaben werden landesweit fortlaufend vergeben. Bei Fahrzeugen mit Eurokennzeichen befindet sich jedoch am linken und rechten Rand des Nummernschildes eine blaue Banderole: Links ist darauf das Länderkennzeichen mit Sternenkranz abgebildet, rechts findet sich das Erstzulassungsjahr und häufig auch das Kürzel der Provinz, in der der Wagen gemeldet ist.

**Sonderkennzeichen:**
**AM** Aeronautica Militare (Luftwaffe)
**CC** Carabinieri (Polizei)

**CD** Corpo Diplomatico (Diplomatisches Korps)
**CFS** Corpo Forestale dello Stato (Forstbehörden)
**CP** Capitaneria di Porto (Küstenwache)
**CRI** Croce Rossa Italiana (Rotes Kreuz)
**EE** Escursionisti Esteri (Ausländer, ohne Wohnsitz in Italien)
**EI** Esercito Italiano (Militär)
**G.d.F.** Guardia di Finanza (Zoll)
**MM** Marina Militare (Marine)
**VF** Vigili del Fuoco (Feuerwehr)

| | | | |
|---|---|---|---|
| AG | Agrigento | CI | Carbonia-Iglesias |
| AL | Alessandria | CL | Caltanissetta |
| AN | Ancona | CN | Cuneo |
| AO | Valle d'Aosta (Aostatal) | CO | Como |
| AP | Ascoli Piceno | CR | Cremona |
| AQ | L'Aquila | CS | Cosenza |
| AR | Arezzo | CT | Catania |
| AT | Asti | CZ | Catanzaro |
| AV | Avellino | EN | Enna |
| BA | Bari | FE | Ferrara |
| BG | Bergamo | FG | Foggia |
| BI | Biella | FI | Florenz (Firenze) |
| BL | Belluno | FM | Fermo (ab 2009) |
| BN | Benevento | FO | Forlì-Cesena |
| BO | Bologna | FR | Frosinone |
| BR | Brindisi | GE | Genua (Genova) |
| BS | Brescia | GO | Görz (Gorizia) |
| BT | Barletta-Andria-Trani (ab 2009) | GR | Grosseto |
| BZ | Bozen | IM | Imperia |
| CA | Cagliari | IS | Isernia |
| CB | Campobasso | KR | Crotone |
| CE | Caserta | LC | Lecco |
| CH | Chieti | LE | Lecce |
| | | LI | Livorno |

| | | | | |
|---|---|---|---|---|
| LO | Lodi | RC | Reggio di Calabria |
| LT | Latina | RE | Reggio Emilia |
| LU | Lucca | RG | Ragusa |
| MB | Monza e Brianza | RI | Rieti |
| | (ab 2009) | RN | Rimini |
| MC | Macerata | RO | Rovigo |
| MD | Medio Campidano | RM | Rom (Roma, Hauptstadt) |
| ME | Messina | SA | Salerno |
| MI | Mailand (Milano) | SI | Siena |
| MN | Mantua (Mantova) | SO | Sondrio |
| MO | Modena | SP | La Spezia |
| MS | Massa-Carrara | SR | Syrakus (Siracusa) |
| MT | Matera | SS | Sassari |
| NA | Neapel (Napoli) | SV | Savona |
| NO | Novara | TA | Tarent (Taranto) |
| NU | Nuoro | TE | Teramo |
| OG | Ogliastra | TN | Trient (Trento) |
| OT | Olbia-Tempio | TO | Turin (Torino) |
| OR | Oristano | TP | Trapani |
| PA | Palermo | TR | Terni |
| PC | Piacenza | TS | Triest (Trieste) |
| PD | Padua (Padova) | TV | Treviso |
| PE | Pescara | UD | Udine |
| PG | Perugia | VA | Varese |
| PI | Pisa | VB | Verbano- |
| PN | Pordenone | | Cusio-Ossola |
| PO | Prato | VC | Vercelli |
| PR | Parma | VE | Venedig (Venezia) |
| PU | Pesaro Urbino | VI | Vicenza |
| PT | Pistoia | VR | Verona |
| PV | Pavia | VT | Viterbo |
| PZ | Potenza | VV | Vibo Valentia |
| RA | Ravenna | | |

## Kasachstan (KZ)

A 553 ZYM

Kasachische Nummernschilder sind weiß mit schwarzen lateinischen Buchstaben und setzen sich wie folgt zusammen: ein Buchstabe, der Stadt oder Gebiet angibt, drei Ziffern und nochmals drei Buchstaben.

A Stadt Almaty
B Gebiet Almaty
C Gebiet Aqmola
D Gebiet Aqtöbe
E Gebiet Atyrau
F Gebiet Ostkasachstan
H Gebiet Schambyl
K Gebiet Qaraghandy (ehem. Schesqasghan, wird nicht mehr vergeben)
L Gebiet Westkasachstan
M Gebiet Qaraghandy
N Gebiet Qysylorda
O Gebiete Aqmola und Nordkasachstan (ehem. Kökschetau, wird nicht mehr vergeben)

P Gebiet Qostanai
R Gebiet Mangghystau
S Gebiet Pawlodar
T Gebiet Nordkasachstan
U Gebiet Ostkasachstan (ehem. Semei, wird nicht mehr vergeben)
V Gebiet Almaty (ehem. Taldyqorghan, wird nicht mehr vergeben)
W Gebiete Aqmola und Qostanai (ehem. Torghai, wird nicht mehr vergeben)
X Gebiet Südkasachstan
Z Stadt Astana (Hauptstadt)

## Kosovo (RKS)

RKS 01 · 999 - AD

Die Nummernschilder des Kosovo sind in der Regel weiß mit schwarzer Aufschrift. Sie enthalten in Anlehnung an die Euro-Kennzeichen einen blauen Streifen am linken Rand mit den Buchstaben RKS. Eine darauf folgende zweistellige Nummer gibt die entsprechende Provinz an, vor dem kosovarischen Wappen. Dann folgen drei Ziffern und nach einem Strich zwei Buchstaben als fortlaufende Seriennummer.

| | | | | |
|---|---|---|---|---|
| **01** | Priština (Hauptstadt) | | **04** | Prizren |
| **02** | Kosovska Mitrovic | | **05** | Uroševac |
| **03** | Peć | | **06** | Gnjilane |

### Kroatien (HR)

ZG 623-NM     Auf kroatischen Kennzeichen geben die ersten beiden Buchstaben den Herkunftsort an. Darauf folgt eine Kombination aus Zahlen und Buchstaben, die durch einen Strich getrennt sind.

**Sonderkennzeichen:**
**HV** Hrvatska Voyska (Militär)

| | | | | |
|---|---|---|---|---|
| **BJ** | Bjelovar | | **OG** | Ogulin |
| **BM** | Beli Manastir | | **OS** | Osijek |
| **ČK** | Čakovec | | **PS** | Podravska Slatina |
| **DA** | Daruvar | | **PU** | Pula |
| **DE** | Delnice | | **PZ** | Pozega |
| **DJ** | Djakovo | | **RI** | Rijeka |
| **DU** | Dubrovnik | | **SB** | Slavonski Brod |
| **GS** | Gospič | | **ŠI** | Šibeník |
| **IM** | Imotski | | **SK** | Sisak |
| **KA** | Karlovac | | **ST** | Split |
| **KC** | Koprivnica | | **VK** | Vinkovci |
| **KR** | Krapina | | **VT** | Virovitica |
| **KT** | Kutina | | **VU** | Vukovar |
| **KŽ** | Križevci | | **VŽ** | Varaždin |
| **MA** | Makarska | | **ZD** | Zadar |
| **NA** | Nasice | | **ZG** | Zagreb (Hauptstadt) |
| **NG** | Nova Gradiška | | **ŽU** | Županja |

### Lettland (LV)

Die lettischen Kennzeichen bestehen aus zwei Buchstaben und einer Zahlenfolge. Eine regionale Zuordnung ist nicht möglich. Hauptstadt: Riga

### Liechtenstein (FL)

FL 23651

Kennzeichen in Liechtenstein bestehen aus den Buchstaben **FL** (Fürstentum Liechtenstein) und einer Zahlenkombination, hinter der sich keine Regionalkennung verbirgt – im kleinen Fürstentum ist das auch nicht nötig. Hauptstadt: Vaduz

### Litauen (LT)

SKF 958

Litauische Kennzeichen setzen sich aus einer Kombination von drei Buchstaben und drei Ziffern zusammen, die seit einigen Jahren nicht mehr auf die Fahrzeugherkunft schließen lässt. Bei älteren Kennzeichen konnte man an den mittleren Buchstaben des Buchstabenblocks den Herkunftsort ablesen. Hauptstadt: Vilnius

### Luxemburg (L)

DT 4330

Kennzeichen aus Luxemburg bestehen aus einem maximal sechsstelligen Buchstaben-Ziffern-Code, der keine Auskunft über die Herkunft des Fahrzeugs gibt. Auf aktuellen Nummernschildern findet man in der Regel zwei Buchstaben vor einem Block aus vier Ziffern. Hauptstadt: Luxemburg

## Malta (M)

**GAD·511**

Maltesische Nummernschilder bestehen aus drei Buchstaben und drei Zahlen, die nicht auf den Meldeort schließen lassen. Die Kennzeichen werden für ein Jahr ausgegeben. Hauptstadt: Valletta

## Mazedonien (MK)

**BT 627·BV**

Bei mazedonischen Kennzeichen geben die ersten beiden Buchstaben an, aus welcher Stadt bzw. Gemeinde ein Fahrzeug stammt. Darauf folgen drei Zahlen und wieder zwei Buchstaben.

| | | | |
|---|---|---|---|
| **BT** | Bitola | **PP** | Prilep |
| **GE** | Gevgelija | **RA** | Radoviš |
| **GV** | Gostivar | **SK** | Skopje (Hauptstadt) |
| **KA** | Kavadarci | **SR** | Strumica |
| **KI** | Kičevo | **ŠT** | Štip |
| **KO** | Kočani | **SU** | Struga |
| **KP** | Kriva Palanka | **TE** | Tetovo |
| **KU** | Kumanovo | **VE** | Veles |
| **OH** | Ohrid | | |

## Moldau (Moldawien, MD)

**C ET 752**

Moldawische Kennzeichen beginnen mit ein bis zwei Buchstaben, die für den Verwaltungsbezirk stehen, in dem ein Fahrzeug gemeldet ist. Danach folgen ein zweistelliger Buchstabenblock und davon abgetrennt drei weitere Ziffern.

| | | | |
|---|---|---|---|
| AN | Anenii Noi | GE | Gagausien |
| BE | Bender (Tighina) | GL | Glodeni |
| BL | Bălţi | HN | Hînçeşti |
| BR | Briceni | IL | Ialoveni |
| BS | Basarabeasca | K | Chisinău |
| C | Chişinău (Hauptstadt) | LV | Leova |
| CH | Cahul | NS | Nisporeni |
| CL | Călăraşi | OC | Ocnita |
| CM | Cimişlia | OR | Orhei |
| CN | Cainari | RS | Rîşcani |
| CR | Criulen | RZ | Resina |
| CS | Căuşeni | SD | Ştoldăneşti |
| CT | Cantemir | SG | Sfintu Grigori |
| CU | Chisinău | SR | Soroca |
| DB | Dubăsari | ST | Straşeni |
| DN | Donduşeni | SV | Ştefan Voda |
| DR | Drochia | TG | Bender (Tighina) |
| ED | Edinet | TL | Teleneşti |
| FL | Făleşti | TR | Taraclia |
| FR | Floreşti | UN | Ungheni |

## Monaco (MC)

Monegassische Kennzeichen bestehen aus einer vierstelligen Kombination, wahlweise vier Ziffern oder ein Buchstabe gefolgt von drei Ziffern. Hauptstadt: Monaco-Ville

## Montenegro (MNE)

**UL·LA 114** 2008 wurde in Montenegro ein eigenes Kfz-Kennzeichensystem eingeführt. Die Schilder halten sich in den Abmessungen an den europäischen Standard und zeigen am linken Rand ein blaues Feld mit dem Nationalitätszeichen Montenegros. Nach zwei Buchstaben, die den regionalen Code angeben, folgt das Wappen Montenegros. Dann folgen wieder zwei Buchstaben und drei Ziffern.

| | | | |
|---|---|---|---|
| **AN** | Andrijevica | **MK** | Mojkovac |
| **BA** | Berane | **NK** | Nikšić |
| **BD** | Budva | **PG** | Podgorica (Hauptstadt) |
| **BP** | Bijelo Polje | **PL** | Plav |
| **BR** | Bar | **PV** | Pljevlja |
| **CT** | Cetinje | **RO** | Rožaje |
| **DG** | Danilovgrad | **SN** | Šavnik |
| **HN** | Herceg Novi | **TV** | Tivat |
| **KL** | Kolašin | **UL** | Ulcinj |
| **KO** | Kotor | **ŽB** | Žabljak |

## Niederlande (NL)

 Niederländische Kennzeichen weisen eine Kombination aus sechs Buchstaben und Zahlen auf, die jeweils in Zweierpaaren stehen und durch Bindestriche getrennt sind. Diese Kombination lässt nicht auf den Zulassungsort schließen. Hauptstadt: Amsterdam

## Norwegen (N)

 FE 53622 Die beiden ersten Buchstaben eines norwegischen Kennzeichens geben Auskunft über die Herkunft des Wagens. Danach folgt eine vier- bis fünfstellige Zahlenkombination.

| | |
|---|---|
| AD AE AF AH AR AS AT AU AV AW | Fredrikstad |
| AA AB AC | Halden |
| AX AY AZ BA BB | Moss |
| AJ AK AL AN AP FN BW | Mysen |
| DA DB DC DD DE DF DH DJ DK DL DN | |
| DP DR DS DT DU DV DX DY DZ EA EB | |
| EC ED EE EF EH EJ EK EN EP ER ES ET | |
| EU EV EX EY EZ | Oslo (Hauptstadt) |
| BL BN BP BR BS BT BU BV BX BY BZ | |
| CA CB | Asker und Bærum |
| BC BD BE BF BH BJ BK | Follo |
| CV CX CY CZ | Jessheim |
| CC CE CF CH CJ CK CL CN CP CR CS CT CU | Romerike |
| HB HC HD HE | Elverum |
| FS FT FU FV FX FY FZ HA | Hamar |
| HJ HK HL HN HP HR | Kongsvinger |
| HF HH | Tynset |
| JR JS JT | Fagernes |
| JC JD JE JF JH JJ JK JL JN JP KW | Gjøvik |
| HS HT HU HV HX FB | Lillehammer |
| HZ JA JB | Otta |
| KE KF KH KJ KK KL KN KP KR KS KW | Drammen |
| KB KC KD | Hallingdal |
| KT KU KV KX KY | Kongsberg |
| JU JV JX JY JZ KA | Ringerike |
| KZ LA LB LC LD | Horten |
| LS LT LU LV LX LZ NA NB NC | Larvik |
| LY | Sandefjord |
| LH LJ LK LL LN LP LR | Tønsberg |
| NV NX NY NZ | Notodden |

**89**

# Autokennzeichen in anderen europäischen Ländern

| | |
|---|---|
| PA PB | Rjukan |
| ND NE NF NH NJ NK NL NN NP NR NT NU | Skien |
| PC PD PE PF PH PJ PK | Arendal |
| PL LF | Setesdal |
| RA RB | Flekkefjord |
| PN PP PR PS PT PU PV | Kristiansand |
| PX PY PZ RC RD | Mandal |
| RZ SA SB | Egersund |
| SC SD SE SF SH SJ SK SL | Haugesund |
| RE RF RH RJ RK RL RN RP RR RS RT RU | |
| RV RX RY | Stavanger |
| SN SP SR SS ST SU SV SX SY SZ TA TB | |
| TC TD TE | Bergen |
| TS TT TU | Odda |
| TL TN TP TR | Stord |
| TF TH TJ TK | Voss |
| TV TX TY TZ | Førde |
| UA UB | Nordfjordeid |
| UC UD | Sogndal |
| UX UY UZ VA | Kristiansund |
| UR US UT UU UV | Molde |
| VB VC | Sunndalsøra |
| UN UP | Ørsta |
| UE UF UH UJ UK UL UG UW | Ålesund |
| XA XB XC | Brekstad |
| VX VY VZ | Orkdal |
| VT VS VU VV | Støren |
| VD VE VF VH VJ VK VL VN VP VR FP | Trondheim |
| XL XK | Levanger |
| XR XS XT XU | Namsos |
| XD XE XF XH XJ | Steinkjer |
| XN XP | Stjørdal |
| YE YF YH YJ FD | Bodø |
| YK YL | Fauske |
| YA YB YC YD | Mo i Rana |
| XV XX XY XZ FA | Mosjøen |
| YN YP YR YS | Narvik |
| YU YV YX | Sortland |

| | |
|---|---|
| YT YY | Svolvær |
| ZF ZD ZJ | Finnsnes |
| YZ ZA ZB | Harstad |
| FK | Storslett |
| ZE ZH ZK ZL ZN ZC FC | Tromsø |
| ALTA19 ZT ZU ZV ZY ZW | Finnmark |
| ZX | Hammerfest |
| ZS | Kirkenes |
| ZZ | Lakselv |
| ZP ZR FR LE | Vadsø |

## Polen (PL)

Autokennzeichen in Polen sind sieben- oder achtstellig und beginnen mit zwei bis drei Lettern, die den Zulassungsbezirk angeben. Zwei Buchstaben stehen für kreisfreie Städte, drei für Landkreise. Darauf folgt ein Zahlenblock, der weitere Buchstaben beinhalten kann (z.B. DW 6950E). Vor einigen Jahren wurden auch in Polen neue Eurokennzeichen eingeführt; die polnische Flagge im blauen Band am linken Schildrand wurde durch die europäische Flagge ersetzt.

**Sonderkennzeichen:**

**HA** Antikorruptionsbehörde
**HB** Innenministerium
**HC** Zollverwaltung
**HK** Inlandsgeheimdienst ABW
**HP** Polizei
**HW** Grenzschutz
**SU** Diplomatisches Korps
**U** Streitkräfte

| | | | |
|---|---|---|---|
| BAU | Augustów | CTU | Tuchola |
| BBI | Bielsk Podlaski | CW | Włocławek-Stadt |
| BGR | Grajewo | CWA | Wabrzezno |
| BHA | Hajnówka | CWL | Włocławek-Kreis |
| BI | Białystok-Stadt | CZN | Żnin |
| BIA | Białystok-Kreis | DB | Wałbrzych-Stadt |
| BKL | Kolno | | (Waldenburg) |
| BL | Łomza-Stadt | DBA | Wałbrzych-Kreis |
| BLM | Łomza-Kreis | DBL | Bolesławiec |
| BMN | Monki | DDZ | Dżierżoniów |
| BS | Suwałki-Stadt | DGL | Głogów |
| BSE | Sejny | DGR | Góra |
| BSI | Siemiatyce | DJ | Jelenia Góra-Stadt |
| BSK | Sokólka | DJA | Jawor |
| BSU | Suwałki-Kreis | DJE | Jelenia Góra-Kreis |
| BWM | Wysokie | DKA | Kamienna Góra |
| | Mazowieckie | DKL | Kłodzko |
| BZA | Zambrów | DL | Legnica-Stadt |
| CAL | Aleksandrów | | (Liegnitz) |
| | Kujawski | DLB | Luban |
| CB | Bydgoszcz-Stadt | DLE | Legnica-Kreis |
| CBR | Brodnica | DLU | Lubin |
| CBY | Bydgoszcz-Kreis | DLW | Lwówek Sląski |
| CCH | Chełmno nad | DMI | Milicz |
| | Wisłą | DOA | Oława |
| CG | Grudziądz-Stadt | DOL | Olesnica |
| CGD | Golub-Dobrzyn | DPL | Polkowice |
| CGR | Grudziądz-Kreis | DSR | Środa Śląska |
| CIN | Inowrocław | DST | Strzelin |
| CLI | Lipno | DSW | Świdnica |
| CMG | Mogilno | DTR | Trzebnica |
| CNA | Nakło nad Notecią | DW | Wrocław-Stadt |
| CRA | Radziejów | DWL | Wołów |
| CRY | Rypin | DWR | Wrocław-Kreis |
| CSE | Sępólno-Krajeńskie | DZA | Ząbkowice Śląskie |
| CSW | Swiecie | DZG | Zgorzelec |
| CT | Torun-Stadt (Thorn) | DZL | Złotoryja |
| CTR | Torun-Kreis | EBE | Bełchatów |

| | |
|---|---|
| EBR | Brzeziny |
| EKU | Kutno |
| EL | Łódź-Stadt |
| ELA | Łask |
| ELC | Łowicz |
| ELE | Łęczyca |
| ELW | Łódź-Kreis |
| EOP | Opoczno |
| EP | Piotrków Trybunalski-Stadt |
| EPA | Pabianice |
| EPD | Poddębice |
| EPI | Piotrków Trybunalski-Kreis |
| EPJ | Pajeczno |
| ERA | Radomsko |
| ERW | Rawa Mazowiecka |
| ES | Skierniewice-Stadt |
| ESI | Sieradz |
| ESK | Skierniewice-Kreis |
| ETM | Tomaszów Mazowiecki |
| EWE | Wieruszów |
| EWI | Wielun |
| EZD | Zdunska Wola |
| EZG | Zgierz |
| FG | Gorzów Wielkopolski-Stadt (Landsberg/Warthe) |
| FGW | Gorzów Wielkopolski-Kreis |
| FKR | Krosno Odrzanskie |
| FMI | Międzyrzecz |
| FNW | Nowa Sól |
| FSD | Strzelecko-Drezdenecki |
| FSL | Słubice |
| FSU | Sulęcin |

| | |
|---|---|
| FSW | Swiebodzin |
| FZ | Zielona Góra-Stadt (Grünberg) |
| FZA | Żary |
| FZG | Żagan |
| FZI | Zielona Góra-Kreis |
| GA | Gdynia |
| GBY | Bytów |
| GCH | Chojnice |
| GCZ | Człuchów |
| GD | Gdansk-Stadt (Danzig) |
| GDA | Gdansk-Kreis |
| GKA | Kartuzy |
| GKS | Koscierzyna |
| GKW | Kwidzyn |
| GLE | Lębork |
| GMB | Malbork |
| GND | Nowy Dwór Gdanski |
| GPU | Puck |
| GS | Słupsk-Stadt |
| GSL | Słupsk-Kreis |
| GSP | Sopot |
| GST | Starogard Gdanski |
| GTC | Tczew |
| GWE | Wejherowo |
| KBC | Bochnia |
| KBR | Brzesko |
| KCH | Chrzanów |
| KDA | Dąbrowa Tarnowska |
| KGR | Gorlice |
| KLI | Limanowa |
| KMI | Miechów |
| KMY | Myslenice |
| KN | Nowy Sącz-Stadt |
| KNS | Nowy Sącz-Kreis |
| KNT | Nowy Targ |

| | | | | |
|---|---|---|---|---|
| KOL | Olkusz | | NBA | Bartoszyce |
| KOS | Oświęcim | | NBR | Braniewo |
| KPR | Proszowice | | NDZ | Działdowo |
| KR | Kraków-Stadt | | NE | Elbląg-Stadt |
| | (Krakau) | | NEB | Elbląg-Kreis |
| KRA | Kraków-Kreis | | NEL | Ełk |
| KSU | Sucha Beskidzka | | NGI | Giżycko |
| KT | Tarnów-Stadt | | NIL | Iława |
| KTA | Tarnów-Kreis | | NKE | Kętrzyn |
| KTT | Tatrzanski | | NLI | Lidzbark Warmiński |
| KWA | Wadowice | | NMR | Mrągowo |
| KWI | Wieliczka | | NNI | Nidzica |
| LB | Biała Podlaska-Stadt | | NNM | Nowe Miasto Lubawskie |
| LBI | Biała Podlaska-Kreis | | NO | Olsztyn-Stadt |
| LBL | Bilgoraj | | NOG | Olecko-Gołdapski |
| LC | Chełm-Stadt | | NOL | Olsztyn-Kreis |
| LCH | Chełm-Kreis | | NOS | Ostróda |
| LHR | Hrubieszów | | NPI | Pisz |
| LJA | Janów Lubelski | | NSZ | Szczytno |
| LKR | Krasnik | | OB | Brzeg |
| LKS | Krasnystaw | | OGL | Głubczyce |
| LLB | Lubartów | | OK | Kędzierzyn-Koźle |
| LLE | Łęczna | | OKL | Kluczbork |
| LLU | Łuków | | OKR | Krapkowice |
| LOP | Opole Lubelskie | | ONA | Namysłów |
| LPA | Parczew | | ONY | Nysa |
| LPU | Puławy | | OOL | Olesno |
| LRA | Radzyn Podlaski | | OP | Opole-Stadt |
| LRY | Ryki | | OPO | Opole-Kreis |
| LSW | Swidnik | | OPR | Prudnik |
| LTM | Tomaszów Lubelski | | OST | Strzelce Opolskie |
| LU | Lublin-Stadt | | PCH | Chodzież |
| LUB | Lublin-Kreis | | PCT | Czarnkowsko-Trzcianecki |
| LWL | Włodawa | | PGN | Gniezno |
| LZ | Zamosc-Stadt | | PGO | Grodzisk Wielkopolski |
| LZA | Zamosc-Kreis | | | |

| | | | | |
|---|---|---|---|---|
| PGS | Gostyn | | RJS | Jasło |
| PJA | Jarocin | | RK | Krosno-Stadt |
| PK | Kalisz-Stadt | | RKL | Kolbuszowa |
| PKA | Kalisz-Kreis | | RKR | Krosno-Kreis |
| PKE | Kępno | | RLA | Łańcut |
| PKL | Koło | | RLE | Leżajsk |
| PKN | Konin-Kreis | | RLU | Lubaczów |
| PKO | Konin-Stadt | | RMI | Mielec |
| PKR | Krotoszyn | | RNI | Nisko |
| PKS | Koscian | | RP | Przemysl-Stadt |
| PL | Leszno-Stadt | | RPR | Przemysl-Kreis |
| PLE | Leszno-Kreis | | RPZ | Przeworsk |
| PMI | Międzychód | | RRS | Ropczycko-Sedziszówski |
| PN | Konin-Stadt | | | |
| PNT | Nowy Tomysl | | RSA | Sanok |
| PO | Poznan-Stadt (Posen) | | RSR | Strzyżów |
| POB | Oborniki | | RST | Stalowa Wola |
| POS | Ostrów Wielkopolski | | RT | Tarnobrzeg-Stadt |
| | | | RTA | Tamobrzeg-Kreis |
| POT | Ostrzeszów | | RZ | Rzeszów-Stadt |
| POZ | Poznan-Kreis | | RZE | Rzeszów-Kreis |
| PP | Piła | | SB | Bielsko-Biała-Stadt |
| PPL | Pleszew | | SBE | Będzin |
| PRA | Rawicz | | SBI | Bielsko-Biała-Kreis |
| PSE | Srem | | SBL | Bieruń-Lędziny/Tychy-Kreis |
| PSL | Słupca | | | |
| PSR | Sroda Wielkopolska | | SC | Częstochowa-Stadt |
| PSZ | Szamotuły | | SCI | Cieszyn |
| PTU | Turek | | SCZ | Częstochowa-Kreis |
| PWA | Wągrowiec | | SD | Dąbrowa Górnicza |
| PWL | Wolsztyn | | SG | Gliwice-Stadt (Gleiwitz) |
| PWR | Wrzesnia | | | |
| PZ | Poznan-Kreis | | SGL | Gliwice-Kreis |
| PZL | Złotów | | SH | Chorzów |
| RBI | Bieszczadzki | | SI | Siemianowice Śląskie |
| RBR | Brzozów | | | |
| RDE | Dębica | | SJ | Jaworzno |
| RJA | Jarosław | | SJZ | Jastrzębie-Zdrój |

| | | | | |
|---|---|---|---|---|
| SK | Katowice | TST | Starachowice |
| SKL | Kłobuck | TSZ | Staszów |
| SLU | Lubliniec | WA | Warszawa |
| SM | Mysłowice | | (Warschau, Hauptstadt) |
| SMI | Mikołów | WB | Warszawa |
| SMY | Myszków | WBR | Białobrzegi |
| SO | Sosnowiec | WCI | Ciechanów |
| SPI | Piekary Śląskie | WD | Warszawa |
| SPS | Pszczyna (Pless) | | (Warschau) |
| SR | Rybnik-Stadt | WE | Warszawa |
| SRB | Rybnik-Kreis | WF | Warszawa |
| SRC | Racibórz | WG | Garwolin |
| SRS | Ruda Śląska | WGM | Grodzisk |
| ST | Tychy-Stadt | | Mazowiecki |
| STA | Tarnowskie Góry | WGR | Grójec |
| STY | Tychy-Kreis/ | WGS | Gostynin |
| | Bieruń -Lędziny | WH | Warszawa |
| SW | Świętochłowice | | (Warschau) |
| SWD | Wodzisław Śląskie | WI | Warszawa |
| SY | Bytom | WJ | Warszawa |
| SZ | Zabrze | WK | Warszawa |
| SZA | Zawiercie | WKZ | Kozienice |
| SZO | Żory | WL | Legionowo |
| SZY | Żywiec | WLI | Lipsko |
| TBU | Busko-Zdrój | WLS | Łosice |
| TJE | Jędrzejów | WM | Minsk Mazowieckie |
| TK | Kielce-Stadt | WMA | Maków |
| TKA | Kazimierza Wielka | | Mazowieckie |
| TKI | Kielce-Kreis | WML | Mława |
| TKN | Konskie | WN | Warszawa |
| TLW | Włoszczowa | | (Warschau) |
| TOP | Opatów | | |
| TOS | Ostrowiec | WND | Nowy Dwór |
| | Swiętokrzyski | | Mazowiecki |
| TPI | Pińczów | WO | Ostrołęka-Stadt |
| TSA | Sandomierz | WOR | Ostrów |
| TSK | Skarżysko- | | Mazowiecka |
| | Kamienna | WOS | Ostrołęka-Kreis |

| | | | |
|---|---|---|---|
| WOT | Otwock | WZ | Warszawa |
| WP | Płock-Stadt | WZU | Żuromin |
| WPI | Piaseczno | WZW | Zwolen |
| WPL | Płock-Kreis | WZY | Żyrardów |
| WPN | Płońsk | ZBI | Białogard |
| WPR | Pruszków | ZCH | Choszczno |
| WPU | Pułtusk | ZDR | Drawsko Pomorskie |
| WPY | Przysucha | ZGL | Goleniów |
| WPZ | Przasnysz | ZGR | Gryfino |
| WR | Radom-Stadt | ZGY | Gryfice |
| WRA | Radom-Kreis | ZK | Koszalin-Stadt |
| WS | Siedlce-Stadt | ZKA | Kamien Pomorski |
| WSC | Sochaczew | ZKL | Kołobrzeg |
| WSE | Sierpc | ZKO | Koszalin-Kreis |
| WSI | Siedlce-Kreis | ZLO | Łobez |
| WSK | Sokołów Podlaski | ZMY | Myślibórz |
| WSZ | Szydłowiec | ZPL | Police |
| WT | Warszawa | ZPY | Pyrzyce |
| | (Warschau) | ZS | Szczecin (Stettin) |
| WU | Warszawa | ZSD | Swidwin |
| WW | Warszawa | ZSL | Sławno |
| WWE | Węgrów | ZST | Stargard |
| WWL | Wołomin | | Szczecinski |
| WWY | Wyszków | ZSW | Swinoujscie |
| WX | Warszawa | ZSZ | Szczecinek |
| | (Warschau) | ZWA | Wałcz |
| WY | Warszawa | | |

## Portugal (P)

In Portugal bestehen die Auto-kennzeichen in der Regel aus einer sechsstelligen, in Zweierpaare gegliederten Kette aus Buchstaben und Zahlen. Sie gibt keine Auskunft über die Herkunft des Fahrzeugs. Seit 2005 bildet der Buchstabenblock den mittleren Teil des Kennzeichens, er wird links und rechts von den beiden Ziffernblöcken eingerahmt. Die Schilder sind weiß mit schwarzer Schrift. Am linken Rand ist das Europaband, am rechten ein gelbes Feld mit Erstzulassungsjahr und -monat abgebildet. Bei Lastwagen steht eine Kombination aus ein bis zwei Lettern und einer bis zu sechsstelligen Zahl auf dem Nummernschild. Hauptstadt: Lissabon

### Rumänien (RO)

**B·35 LGN** Rumänische Kennzeichen beginnen mit einem oder zwei Buchstaben, die den Herkunftsbezirk angeben. Danach folgt eine Kombination aus Zahlen und Buchstaben. In der folgenden Liste stehen in Klammern die Namen der Bezirkshauptstädte, sofern sie von denen der Bezirke abweichen.

**AB** Alba (Alba Iulia/Karlsburg)
**AG** Argeş (Piteşti)
**AR** Arad
**B** Bukarest (Hauptstadt)
**BC** Bacău
**BH** Bihor (Oradea)
**BN** Bistriţa-Năsăud (Bistriţa)
**BR** Brăila
**BT** Botoşani
**BV** Braşov/Kronstadt
**BZ** Buzău
**CJ** Cluj (Cluj-Napoca/Klausenburg)
**CL** Călăraşi
**CS** Caraş-Severin (Reşiţa)
**CT** Constanţa
**CV** Covasna (Sfântu Gheorghe)
**DB** Dâmboviţa (Târgovişte)
**DJ** Dolj (Craiova)
**GJ** Gorj (Târgu Jiu)
**GL** Galaţi
**GR** Giurgiu
**HD** Hunedoara (Deva/Diemrich)
**HR** Harghita (Miercurea Ciuc)
**IL** Ialomiţa (Slobozia)
**IF** Ilfov (Buftea)
**IS** Iaşi/Jassy
**MH** Mehedinţi (Drobeta-Turnu Severin)
**MM** Maramureş (Baia Mare)

| | | | |
|---|---|---|---|
| **MS** | Mureş (Târgu Mureş/ Neumarkt) | **SV** | Suceava |
| **NT** | Neamţ (Piatra Neamţ) | **TL** | Tulcea |
| **OT** | Olt (Slatina) | **TM** | Timiş (Timişoara/ Temeschwar) |
| **PH** | Prahova (Ploieşti) | **TR** | Teleorman (Alexandria) |
| **SB** | Sibiu/ Hermannstadt | **VL** | Vâlcea (Râmnicu Vîlcea) |
| **SJ** | Sălaj (Zalău) | **VN** | Vrancea (Focşani) |
| **SM** | Satu Mare | **VS** | Vaslui |

## Russische Föderation (RUS)

**B 345 AC** | **50 RUS**   Die Buchstaben-Zahlen-Kombination sagt nichts über den Meldeort des Fahrzeugs aus. Eine zwei- bis dreistellige Zahl am rechten Rand des Nummernschildes gibt allerdings den Distrikt an, in dem das Auto registriert ist.

| | | | |
|---|---|---|---|
| **01** | Adygeja | **18** | Udmurtien |
| **02** | Baschkortostan | **19** | Chakassien |
| **03** | Burjatien | **20** | Tschetschenien |
| **04** | Altai | **21** | Tschuwaschien |
| **05** | Dagestan | **22** | Altai |
| **06** | Inguschetien | **23** | Krasnodar |
| **07** | Kabardino-Balkarien | **24** | Krasnojarsk |
| **08** | Kalmykien | **25** | Primorje |
| **09** | Karatschaji- Tscherkessien | **26** | Stawropol |
| **10** | Karelien | **27** | Chabarowsk |
| **11** | Komi | **28** | Amur |
| **12** | Mari El | **29** | Archangelsk |
| **13** | Mordowinien | **30** | Astrachan |
| **14** | Jakutien (Sacha) | **31** | Belgorod |
| **15** | Nordossetien | **32** | Brjansk |
| **16** | Tatarstan | **33** | Wladimir |
| **17** | Tuwa | **34** | Wolgograd |
| | | **35** | Wologda |

| | |
|---|---|
| 36 | Woronesch |
| 37 | Iwanowo |
| 38 | Irkutsk |
| 39 | Kaliningrad (Königsberg) |
| 40 | Kaluga |
| 41 | Kamtschatka |
| 42 | Kemerowo |
| 43 | Kirow |
| 44 | Kostroma |
| 45 | Kurgan |
| 46 | Kursk |
| 47 | St. Petersburg |
| 48 | Lipezk |
| 49 | Magadan |
| 50 | Moskau-Umland |
| 51 | Murmansk |
| 52 | Nischni Nowgorod |
| 53 | Nowgorod |
| 54 | Nowosibirsk |
| 55 | Omsk |
| 56 | Orenburg |
| 57 | Orlow |
| 58 | Pensa |
| 59 | Perm |
| 60 | Pskow |
| 61 | Rostow |
| 62 | Rjasan |
| 63 | Samara |
| 64 | Saratow |
| 65 | Sachalin |
| 66 | Swerdlowsk |
| 67 | Smolensk |
| 68 | Tambow |
| 69 | Tweri |
| 70 | Tomsk |
| 71 | Tula |
| 72 | Tjumen |
| 73 | Uljanowsk |

| | |
|---|---|
| 74 | Tscheljabinsk |
| 75 | Tschitinsk |
| 76 | Jaroslawl |
| 77 | Moskau-Stadt (Hauptstadt) |
| 78 | St. Petersburg-Stadt |
| 79 | Jüdische Autonome Republik |
| 80 | Aginischer Burjatischer Autonomer Kreis |
| 81 | Komi-Permatskischer Autonomer Kreis |
| 82 | Korjakskischer Autonomer Kreis |
| 83 | Nenezkischer Autonomer Kreis |
| 84 | Taimyrskischer Autonomer Kreis |
| 85 | Ustj-Ordinischer Burjatischer Autonomer Kreis |
| 86 | Chanty-Mansijskij Autonomer Kreis |
| 87 | Tschukotskischer Autonomer Kreis |
| 88 | Ewenkiskischer Autonomer Kreis |
| 89 | Jamalo-Nenezkischer Autonomer Kreis |
| 90 | Moskau-Umland |
| 91 | Gebiet Kaliningrad |
| 92 | Gebiet Archangelsk |
| 93 | Region Krasnodar |
| 94 | Gebiete und Einsatzorte außerhalb Russlands, die unter russischer Verwaltung stehen |
| 95 | Republik |

Tschetschenien

## San Marino (RSM)

Autokennzeichen in San Marino setzen sich aus einer unspezifischen Zahlen-Buchstaben-Kombination zusammen. Hauptstadt: San Marino Città

## Schweden (S)

Schwedische Kennzeichen bestehen aus drei Buchstaben und drei Ziffern, die keine regionale Zuordnung ermöglichen. Hauptstadt: Stockholm

## Serbien (SRB)

**BG 123·EC**

Serbiens Kennzeichen sind nach europäischem Standard in der Einheitsgröße 520 x 110 mm. Die Schilder zeigen zunächst zwei Buchstaben des Zulassungsbezirks, gefolgt vom Landeswappen. Darunter erscheint das Zulassungsbezirkskürzel in kyrillischer Schrift. Dann folgen drei Ziffern und zwei Buchstaben. Am linken Rand befindet sich ein blauer Balken, auf welchem das Länderkürzel SRB zu sehen ist. Dieser blaue Rand kann gegebenenfalls durch die zwölf europäischen Sterne erweitert werden, falls Serbien Mitglied der EU wird.

| | | | |
|---|---|---|---|
| **AL** | Aleksinac | **KM** | Kosovska Mitrovica |
| **AR** | Aranđelovac | **KO** | Kotor |
| **BČ** | Bečej | **KŠ** | Kruševac |
| **BČ** | Bogatič | **KV** | Kraljevo |
| **BG** | Belgrad (Hauptstadt) | **KŽ** | Knjaževac |
| **BO** | Bor | **LB** | Lebane |
| **BP** | Bačka Palanka | **LE** | Leskovac |
| **BT** | Bačka Topola | **LO** | Loznica |
| **BU** | Bujanovac | **LU** | Lučani |
| **ČA** | Čačak | **NG** | Negotin |
| **ĆU** | Cuprija | **NI** | Niš |
| **ĐA** | Đakovica | **NV** | Nova Varoš |
| **DE** | Despotovac | **NP** | Novi Pazar |
| **GL** | Gnjilane | **NS** | Novi Sad |
| **GM** | Gornji Milanovac | **PA** | Pančevo |
| **IC** | Ivanjica | **PB** | Priboj |
| **IN** | Inđija | **PE** | Pec |
| **JA** | Jagodina | **PI** | Pirot |
| **KA** | Kanjiža | **PK** | Prokuplje |
| **KG** | Kragujevac | **PN** | Paracin |
| **KI** | Kikinda | **PO** | Požarevac |
| **KL** | Kladovo | **PP** | Prijepolje |

| | | | |
|---|---|---|---|
| PR | Priština | SV | Svetozarevo |
| PT | Petrovac na Mlavi | TO | Topola |
| PZ | Prizren | TS | Trstenik |
| PŽ | Požega | UB | Ub |
| RA | Raška | UE | Užice |
| RU | Ruma | UR | Uroševac |
| SA | Senta | VA | Valjevo |
| ŠA | Šabac | VB | Vrnjačka Banja |
| SJ | Sjenica | VL | Vlasotince |
| SD | Smederevo | VP | Velika Plana |
| ŠI | Šid | VR | Vranje |
| SM | Sremska Mitrovica | VS | Vrbas |
| SO | Sombor | VŠ | Vršac |
| SP | Smederevska Palanka | ZA | Zaječar |
| ST | Stara Pazova | ZR | Zrenjanin |
| SU | Subotica | | |

## Slowakei (SK)

**KN•662AC** (SK)

Die ersten beiden Buchstaben slowakischer Kennzeichen geben den Herkunftsdistrikt an, danach folgt eine fünfstellige Kombination aus Ziffern und Buchstaben.

| | | | |
|---|---|---|---|
| BA | Bratislava-Stadt (Hauptstadt) | BY | Bratislava-Land |
| | | CA | Čadca (Tschadsa) |
| BB | Banská Bystrica (Neusohl) | DK | Dolny Kubín (Unterkubin) |
| | | DS | Dunajská Streda (Niedermarkt) |
| BC | Banská Bystrica | | |
| BH | Bratislava-Land | DT | Detva |
| BJ | Bardejov (Bartfeld) | GA | Galanta |
| BL | Bratislava-Stadt | GL | Gelnica |
| BN | Bánovce nad Bebravou | HC | Hlohovec |
| | | HE | Humenné |
| BR | Brezno | IL | Ilava |
| BS | Banská Štiavnica | KA | Krupina |
| BT | Bratislava-Land | KE | Košice-Stadt (Kaschau) |

| | | | |
|---|---|---|---|
| **KI** | Košice-Stadt | **RK** | Ružomberok (Rosenberg) |
| **KK** | Keûmarok | **RS** | Rimavská Sobota |
| **KM** | Kysucké Nové Město | | (Grosssteffelsdorf) |
| **KO** | Komárno (Komorn) | **RV** | Rožňava (Rosenau) |
| **KS** | Košice-Land | **SA** | Šaľa |
| **LC** | Lučenec (Lizenz) | **SB** | Sabinov |
| **LE** | Levoča | **SC** | Senec (Wartberg) |
| **LM** | Liptovsky Mikuláš | **SE** | Senica (Senitz) |
| | (Liptau-St-Nikolaus) | **SI** | Skalica |
| **LV** | Levice (Lewenz) | **SK** | Svidník |
| **MA** | Malacky | **SL** | Stará Lubovňa (Altlublau) |
| **MI** | Michalovce (Grossmichl) | **SN** | Spišská Nová Ves |
| **ML** | Medzilaborce | | (Zipser Neudorf) |
| **MT** | Martin | **SO** | Sobrance |
| **MY** | Myjava | **SP** | Stropkov |
| **NI** | Nitra (Neutra) | **SV** | Snina |
| **NM** | Nové Město | **TC** | Trenčin (Trentschin) |
| | nad Váhom | **TN** | Trenčín |
| **NO** | Namestovo | **TO** | Topoľčany (Topoltschan) |
| **NR** | Nitra (Neutra) | **TR** | Turčianske teplice |
| **NZ** | Nové Zámky (Neuhäusel) | **TS** | Tvrdošín |
| **PB** | Povaûská Bystrica | **TT** | Trnava (Tyrnau) |
| **PD** | Prievidza (Priwitz) | **TV** | Trebišov (Trebischau) |
| **PE** | Partizánske | **VK** | Veľky Krtíš |
| **PK** | Pezinok | **VT** | Vranov nad Topľou |
| **PN** | Piešťany | | (Vronau an der Töpl) |
| **PO** | Prešov (Preschau) | **ZA** | Žilina (Sillein) |
| **PP** | Poprad (Deutschendorf) | **ZC** | Žarnovica |
| **PT** | Poltár | **ZH** | Žiar nad Hronom |
| **PU** | Púchov | | (Heiligenkreuz) |
| **PV** | Prešov | **ZI** | Žilina (Sillein) |
| **PX** | Považská Bystrica | **ZM** | Zlaté Moravce |
| | (Waagbistritz) | **ZV** | Zvolen (Altsohl) |
| **RA** | Revúca | | |

## Slowenien (SLO)

 Slowenische Kennzeichen beginnen mit zwei Buchstaben, die den Zulassungsbezirk angeben. Danach folgt eine Kombination aus Zahlen und Buchstaben.

**CE** Celje (Cilli)
**GO** Nova Gorica
**KK** Krško (Gurkfeld)
**KP** Koper (ital. Capodistria)
**KR** Kranj (Krainburg)
**LJ** Ljubljana (Laibach, Hauptstadt)

**MB** Maribor (Marburg an der Drau)
**MS** Murska Sobota (Olsnitz)
**NM** Novo Mesto (Rudolfswert)
**PO** Postojna (Adelsberg)
**SG** Slovenj Gradec (Windischgraz)

## Spanien (E)

 An spanischen Autokennzeichen kann man seit einer Systemumstellung im Jahr 2000 nicht mehr erkennen, woher ein Fahrzeug stammt. Sie beginnen mit einer vierstelligen Zahl, auf die drei Buchstaben folgen (von AAA bis ZZZ landesweit durchnummeriert). Bei älteren Kennzeichen stehen die Buchstaben noch vor dem Ziffernblock und geben die Provinz an, in der ein Wagen gemeldet ist.

**Sonderkennzeichen:**
**CME** Cuerpo Mossos d'Esquadra (Katalanische Polizei)
**CNP** Cuerpo Nacional de Policía (Nationalpolizei)
**DGP** Dirección General de la Policía (Spanische Polizei)

**E** Ertzaintza (Polizei des Baskenlandes)

**EA** Ejército del Aire (Luftwaffe)

**ET** Ejército Tierra (Heer)

**FAE** Fuerzas Aliadas en España (Fahrzeuge des spanischen NATO-Hauptquartiers)

**FN** Fuerzas Navales (Marine)

**MF** Ministerio del Fomento (Bau- und Verkehrsministerium)

**MMA** Ministerio del Medio Ambiente (Landwirtschafts- und Umweltministerium)

**PGC** Parque Guardia Civil (Fuhrpark der Guardia Civil)

**PME** Parque Móvil del Estado (Staatlicher Fuhrpark)

**PMM** Parque Móvil Ministerios (Fuhrpark der Ministerien)

**PTT** Correos y Telégrafos (Post)

| | | | |
|---|---|---|---|
| **A** | Alicante | **GI** | Girona |
| **AB** | Albacete | **GR** | Granada |
| **AL** | Almería | **GU** | Guadalajara |
| **AV** | Ávila | **H** | Huelva |
| **B** | Barcelona | **HU** | Huesca |
| **BA** | Badajoz | **IB** | Islas Baleares |
| **BI** | Bilbao (Vizcaya) | **J** | Jaén |
| **BU** | Burgos | **L** | Lérida |
| **C** | Coruña | **LE** | León |
| **CA** | Cádiz | **LO** | Logroño (La Rioja) |
| **CC** | Cáceres | **LU** | Lugo |
| **CE** | Ceuta | **M** | Madrid (Hauptstadt) |
| **CO** | Córdoba | **MA** | Málaga |
| **CR** | Ciudad Real | **ML** | Melilla |
| **CS** | Castellón de la Plana | **MU** | Murcia |
| **CU** | Cuenca | **NA** | Navarra |
| **GC** | Gran Canaria | **O** | Oviedo (Asturien) |

| | | | | |
|---|---|---|---|---|
| OU | Ourense | T | Tarragona |
| P | Palencia | TE | Teruel |
| PO | Pontevedra | TF | Tenerife |
| S | Kantabrien (Santander) | TO | Toledo |
| SA | Salamanca | V | Valencia |
| SE | Sevilla | VA | Valladolid |
| SG | Segovia | VI | Vitoria (Álava) |
| SO | Soria | Z | Zaragoza |
| SS | Donostia-San | ZA | Zamora |
| | Sebastián (Guipúzcoa) | | |

## Tschechische Republik (CZ)

**3A2 5386**

Tschechische Kennzeichen bestehen seit einigen Jahren aus einer Buchstaben-Zahlen-Kombination, die in zwei Blöcke unterteilt ist. Der mittlere Buchstabe des ersten Zeichenblocks gibt die Herkunftsregion an.

| | | | | |
|---|---|---|---|---|
| A | Praha (Prag, Hauptstadt) | L | Liberec (Reichenberg) |
| B | Brno (Brünn) | M | Olomouc (Olmütz) |
| C | České Budějovice | P | Plzeň (Pilsen) |
| | (Budweis) | S | Středočeský kraj |
| E | Pardubice (Pardubitz) | | (Mittelböhmische Region) |
| H | Hradec Králové | T | Ostrava (Ostrau) |
| | (Königgrätz) | U | Ústí nad Labem |
| J | Jihlava (Iglau) | | (Aussig an der Elbe) |
| K | Karlovy Vary (Karlsbad) | Z | Zlín |

## Türkei (TR)

**06 TN 934**

Türkische Autokennzeichen beginnen mit einer zweistelligen Zahl, auf die eine fünf- bis sechsstellige Buchstaben-Zahlen-Kombination folgt. Anhand der ersten beiden

Ziffern kann man die Provinz erkennen, in der das Fahrzeug gemeldet ist.

| | | | |
|---|---|---|---|
| 01 | Adana | 36 | Kars |
| 02 | Adıyaman | 37 | Kastamonu |
| 03 | Afyonkarahisar | 38 | Kayseri |
| 04 | Ağrı | 39 | Kırklareli |
| 05 | Amasya | 40 | Kırşehir |
| 06 | Ankara (Hauptstadt) | 41 | Kocaeli |
| 07 | Antalya | 42 | Konya |
| 08 | Artvın | 43 | Kütahya |
| 09 | Aydın | 44 | Malatya |
| 10 | Balıkesir | 45 | Manisa |
| 11 | Bilecik | 46 | Kahramanmaraş |
| 12 | Bingöl | 47 | Mardin |
| 13 | Bitlis | 48 | Muğla |
| 14 | Bolu | 49 | Muş |
| 15 | Burdur | 50 | Nevşehir |
| 16 | Bursa | 51 | Niğde |
| 17 | Çanakkale | 52 | Ordu |
| 18 | Çankırı | 53 | Rize |
| 19 | Çorum | 54 | Sakarya |
| 20 | Denizli | 55 | Samsun |
| 21 | Diyarbakır | 56 | Siirt |
| 22 | Edirne | 57 | Sinop |
| 23 | Elazığ | 58 | Sivas |
| 24 | Erzincan | 59 | Tekirdağ |
| 25 | Erzurum | 60 | Tokat |
| 26 | Eskişehir | 61 | Trabzon |
| 27 | Gaziantep | 62 | Tunceli |
| 28 | Giresun | 63 | Şanlıurfa |
| 29 | Gümüşhane | 64 | Üşak |
| 30 | Hakkari | 65 | Van |
| 31 | Hatay | 66 | Yozgat |
| 32 | Isparta | 67 | Zonguldak |
| 33 | Mersin | 68 | Aksaray |
| 34 | Istanbul | 69 | Bayburt |
| 35 | Izmir | 70 | Karaman |

| | | | |
|---|---|---|---|
| 71 | Kırıkkale | 77 | Yalova |
| 72 | Batman | 78 | Karabük |
| 73 | Şırnak | 79 | Kilis |
| 74 | Bartın | 80 | Osmaniye |
| 75 | Ardahan | 81 | Düzce |
| 76 | Iğdır | | |

## Ukraine (UA)

🇺🇦 **AA 7728 GP**

Im Jahr 2004 wurde in der Ukraine ein neues Kennzeichensystem eingeführt: Aktuelle Nummernschilder haben am linken Rand einen zweigeteilten farbigen Balken; im oberen, hellblau hinterlegten Feld ist das ukrainische Nationalwappen abgedruckt, darunter auf gelbem Grund das Nationalkürzel **UA**. Der alphanumerische Code beginnt mit einem Buchstabenpaar, das die Herkunft des Fahrzeugs angibt. Danach folgen vier Ziffern und zwei Buchstaben. In der folgenden Liste sind Hauptstädte, sofern sich ihre Namen von denen der zugehörigen Bezirke unterscheiden, in Klammern angegeben.

| | | | |
|---|---|---|---|
| AA | Kiew-Stadt (Hauptstadt) | AT | Gebiet Iwano-Frankiwsk |
| AB | Gebiet Winnyzja | | |
| AC | Gebiet Wolhynien | AX | Gebiet Charkiw |
| AE | Gebiet Dnipropetrowsk | BA | Gebiet Kirowohrad |
| AH | Gebiet Donezk | BB | Gebiet Luhansk |
| AI | Gebiet Kiew | BC | Gebiet Lwiw (Lemberg) |
| AK | Autonome Republik Krim | BE | Gebiet Mykolajiw |
| | | BH | Gebiet Odessa |
| AM | Gebiet Schytomyr | BI | Gebiet Poltawa |
| AO | Gebiet Transkarpatien | BK | Gebiet Riwne |
| AP | Gebiet Saporischschja | BM | Gebiet Sumy |

| | | | |
|---|---|---|---|
| **BO** | Gebiet Ternopil | **CB** | Gebiet Tschernihiw |
| **BT** | Gebiet Cherson | **CE** | Gebiet Tscherniwzi |
| **BX** | Gebiet Chmelnyzkyj | | (Czernowitz) |
| **CA** | Gebiet Tscherkassy | **CH** | Stadt Sewastopol |

## Ungarn (H)

**JZN-570** Die Kombination aus drei Buchstaben und drei Zahlen auf ungarischen Kennzeichen wird fortlaufend vergeben und lässt nicht auf den Meldeort eines Fahrzeugs schließen. Hauptstadt: Budapest

## Vatikanstadt (V)

**CV 03651** Privatfahrzeuge haben hier das Kennzeichen **CV** (Città del Vaticano) gefolgt von einer Seriennummer. Die Dienstfahrzeuge des Vatikans sind mit **SCV** (Stato della Città del Vaticano) und einer Nummer gekennzeichnet. Das „Papamobil" des Papstes trägt die Kennung **SCV1**.

## Weißrussland (BY)

 Neuere weißrussische Nummernschilder beginnen mit vier Zahlen. Danach folgen ein zweistelliger Buchstabenblock und eine Abschlussziffer. Letztere gibt die Region an, aus der das Fahrzeug stammt.

| | | | | |
|---|---|---|---|---|
| 1 | Region Brest | | 5 | Region Minsk |
| 2 | Region Wizebsk | | 6 | Region Mahiljou |
| 3 | Region Homel | | 7 | Stadt Minsk (Hauptstadt) |
| 4 | Region Hrodna | | | |

## Zypern (CY)

Die Kennzeichen geben im griechischen Teil der Insel keinen Hinweis auf den genauen Herkunftsort eines Fahrzeugs. Sie bestehen aus drei Buchstaben und drei Ziffern, die fortlaufend vergeben werden.

Hauptstadt: Nikosia

# Internationale Kfz-Kennzeichen

| | | | |
|---|---|---|---|
| A | Österreich | C | Kuba |
| AFG | Afghanistan | CAM | Kamerun |
| AG | Antigua und Barbuda | CDN | Kanada |
| AL | Albanien | CGO | Demokratische Republik Kongo |
| AND | Andorra | | |
| ANG | Angola | CH | Schweiz |
| ARM | Armenien | CHN* | China (Volksrepublik) |
| ARU* | Aruba | | |
| AUS | Australien | CI | Elfenbeinküste |
| AUT* | Palästinensische Autonomiegebiete/Gazastreifen | CL | Sri Lanka |
| | | CO | Kolumbien |
| | | COM | Komoren |
| AX | Åland | CR | Costa Rica |
| AXA | Anguilla | CV | Kap Verde |
| AZ | Aserbaidschan | CY | Zypern |
| | | CZ | Tschechien |
| B | Belgien | D | Deutschland |
| BD | Bangladesch | DJI | Dschibuti |
| BDS | Barbados | DK | Dänemark |
| BF | Burkina Faso | DOM | Dominikanische Republik |
| BG | Bulgarien | | |
| BHT | Bhutan | DZ | Algerien |
| BIH | Bosnien und Herzegowina | E | Spanien |
| | | EAK | Kenia |
| BJ | Benin | EAT | Tansania |
| BOL | Bolivien | EAU | Uganda |
| BR | Brasilien | EC | Ecuador |
| BRN | Bahrain | ER | Eritrea |
| BRU | Brunei | ES | El Salvador |
| BS | Bahamas | EST | Estland |
| BW* | Botswana | ET | Ägypten |
| BY | Weißrussland | ETH | Äthiopien |
| BZ | Belize | F | Frankreich |

| | | | |
|---|---|---|---|
| FIN | Finnland | KAN* | St. Kitts und Nevis |
| FJI | Fidschi | | |
| FL | Liechtenstein | KIR | Kiribati |
| FO | Färöer | KN | Grönland |
| FSM | Mikronesien | KP | Nordkorea |
| G | Gabun | KS | Kirgisistan |
| GB | Vereinigtes Königreich | KSA | Saudi-Arabien |
| | | KWT | Kuwait |
| GBA | Alderney | KZ | Kasachstan |
| GBG | Guernsey | L | Luxemburg |
| GBJ | Jersey | LAO | Laos |
| GBM | Isle of Man | LAR* | Libyen |
| GBZ | Gibraltar | LB* | Liberia |
| GCA + GT | Guatemala | LS | Lesotho |
| GE | Georgien | LT | Litauen |
| GH | Ghana | LV | Lettland |
| GQ* | Äquatorial-guinea | M | Malta |
| | | MA | Marokko |
| GR | Griechenland | MAL | Malaysia |
| GUB | Guinea-Bissau | MC | Monaco |
| | | MD | Moldawien |
| GUI | Guinea | MEX | Mexiko |
| GUY* | Guyana | MGL | Mongolei |
| H | Ungarn | MH | Marshallin-seln |
| HK | Hongkong | | |
| HN | Honduras | MK | Mazedonien |
| HR | Kroatien | MNE | Montenegro |
| I | Italien | MOC | Mosambik |
| IL | Israel | MS | Mauritius |
| IND | Indien | MV* | Malediven |
| IR | Iran | MW | Malawi |
| IRL | Irland | MYA | Myanmar |
| IRQ | Irak | N | Norwegen |
| IS | Island | NA | Niederländi-sche Antillen |
| J | Japan | | |
| JA | Jamaika | NAM | Namibia |
| JOR | Jordanien | NAU | Nauru |
| K | Kambodscha | NCL | Neukale-donien |

| | |
|---|---|
| NEP* | Nepal |
| NGR | Nigeria |
| NI | Nordirland |
| NIC | Nicaragua |
| NL | Niederlande |
| NZ | Neuseeland |
| OM | Oman |
| P | Portugal |
| PA | Panama |
| PAL | Palau |
| PE | Peru |
| PK | Pakistan |
| PL | Polen |
| PNG* | Papua-Neuguinea |
| PRI | Puerto Rico |
| PY | Paraguay |
| Q | Katar |
| RA | Argentinien |
| RB | Botswana |
| RC | Republik China (Taiwan) |
| RCA | Zentralafrikanische Republik |
| RCB | Republik Kongo |
| RCH | Chile |
| RG | Guinea |
| RH | Haiti |
| RI | Indonesien |
| RIM | Mauretanien |
| RKS | Kosovo |
| RL | Libanon |
| RM | Madagaskar |
| RMM | Mali |
| RN | Niger |

| | |
|---|---|
| RO (RUM*) | Rumänien |
| ROK | Südkorea |
| ROU | Uruguay |
| RP | Philippinen |
| RS* | Bosnisch-Serbische Republik |
| RSM | San Marino |
| RT | Togo |
| RU | Burundi |
| RUS | Russland |
| RWA | Ruanda |
| S | Schweden |
| SD | Swasiland |
| SGP | Singapur |
| SK | Slowakei |
| SLO | Slowenien |
| SME | Suriname |
| S.M.O.M.* | Malteserorden |
| SN | Senegal |
| SO | Somalia |
| SOL | Salomonen |
| SRB | Serbien |
| SSD | Südsudan |
| STP | São Tomé und Príncipe |
| SUD* | Sudan |
| SY | Seychellen |
| SYR | Syrien |
| T | Thailand |
| TD | Tschad |
| TG* | Togo |
| TJ | Tadschikistan |
| TL | Osttimor |
| TM | Turkmenistan |
| TN | Tunesien |
| TON* | Tonga |

| | | | |
|---|---|---|---|
| TR | Türkei | WD | Dominica |
| TT | Trinidad und Tobago | WG | Grenada |
| | | WL | St. Lucia |
| TUV | Tuvalu | WS | Samoa |
| UA | Ukraine | WSA* | Demokratische Arabische Republik Sahara |
| UAE | Vereinigte Arabische Emirate | | |
| USA | Vereinigte Staaten von Amerika | WV | St. Vincent und die Grenadinen |
| UZ | Usbekistan | YEM | Jemen |
| V | Vatikanstaat | YV | Venezuela |
| VAN* | Vanuatu | Z | Sambia |
| VN | Vietnam | ZA | Südafrika |
| WAG | Gambia | ZW | Simbabwe |
| WAL (SLE*) | Sierra Leone | | |
| WB* | Westjordanland | | |

*nicht-offizielle Abkürzung

Familien-Quiz

**1. Wann wurden Ost- und Westberlin wiedervereinigt?**

**A** 1980

**B** 1983

**C** 1990

**D** 2000

**2.** **An welcher Landesgrenze liegt Cham?**

**A** der polnischen

**B** der schweizerischen

**C** der österreichischen

**D** der tschechischen

**3.** **Was ist der berühmte „Zwinger"?**

**A** ein Gebirge

**B** ein Gebäude

**C** eine Waffe

**D** ein Herrscher

4. **Welche Puppenwerkstatt ist in Donauwörth ansässig?**

**A** Barbie

**B** Käthe Kruse

**C** Schildkröt

**D** Simon & Halbig

**5.** **Wofür ist die Region rund um Oberwiesenthal bekannt?**

**A** Kunsthandwerk

**B** Segelsport

**C** Bevölkerungsdichte

**D** Obstanbau

6. **Schwerin ist die Landeshauptstadt von ...?**

**A** Schleswig-Holstein

**B** Niedersachsen

**C** Mecklenburg-Vorpommern

**D** Sachsen-Anhalt

**7.** **Zu welchem Land bildet der Fluss Oder die Grenze?**

**A** Tschechien

**B** Polen

**C** Österreich

**D** Frankreich

**8. Was sind die sogenannten Bächle?**

**A** kleine Kanäle

**B** ein Gebäck

**C** ein Getränk

**D** eine Landschaft

**9. Wie heißt der höchste Berg Deutschlands?**

**A** Watzmann

**B** Zugspitze

**C** Biberkopf

**D** Vogelsberg

**10.** Welche „Naturdenkmäler" prägen die Region und erklären die Bedeutung des Kennzeichens?

**A** Oberspreewald und Lausitz

**B** Oberschlesisches Land

**C** Oder-Saale-Quellgebiet

**D** Odenwald-Lautertal-Senke

**11. Ungefähr wie viele Brücken überspannen die Flüsse Elbe und Alster?**

**A** 200

**B** 700

**C** 1800

**D** 2500

Welches Kennzeichen steht für Heidelberg?

**12. An welchem Fluss liegt Heidelberg?**

**A** Neckar

**B** Mosel

**C** Saale

**D** Leine

**13.** **In welchem Bundesland liegt die Hansestadt Greifswald?**

**A** Niedersachsen

**B** Thüringen

**C** Bayern

**D** Mecklenburg-Vorpommern

**14.** Die „Kieler Woche" ist ...?

**A** eine Segelregatta

**B** ein Musikfest

**C** ein Kinofestival

**D** ein Weinfest

**15. Quedlinburg gilt als ...?**

**A** eines der größten Flächendenkmäler Deutschlands

**B** Stadt am größten Seengebiet Deutschlands

**C** höchstgelegene Stadt Deutschlands

**D** Drei-Flüsse-Stadt

**16.** **Welches Phänomen prägt die Landschaft des Landkreises Daun?**

**A** ältester Baumbestand Deutschlands

**B** Sumpflandschaften

**C** Wacholdergebiete

**D** erloschene Vulkane

**17.** **Welches Münchner Fest lockt alljährlich Besucher aus aller Welt in die Stadt?**

**A** das Weinfest

**B** das Oktoberfest

**C** der Cannstatter Wasen

**D** der Wurstmarkt

**18.  An welchem Fluss liegt Wittenberg?**

**A**  an der Oder

**B**  an der Spree

**C**  am Lech

**D**  an der Elbe

**19. Welchen Titel beansprucht die Stadt Trier?**

**A** Weinhauptstadt

**B** Fahrradhauptstadt

**C** älteste Stadt Deutschlands

**D** Eifelperle

**20.** **An welchem Dreiländereck liegt das Bundesland Saarland?**

**A** Deutschland-Italien-Schweiz

**B** Deutschland-Frankreich-Schweiz

**C** Deutschland-Luxemburg-Italien

**D** Deutschland-Frankreich-Luxemburg

**Welches Kennzeichen steht für Köln?**

**21.** **Wie viele Einwohner hatte Köln im Jahre 2010?**

**A** 751.380

**B** 1.007.119

**C** 1.052.621

**D** 1.284.553

**22.** **Aus wie vielen Städten besteht das Bundesland Freie Hansestadt Bremen?**

**A** aus einer

**B** aus zwei

**C** aus drei

**D** aus vier

**23. Welche berühmte Messe findet jedes Jahr in Hannover statt?**

**A** Fachmesse der Int. Tourismus-Börse ITB

**B** Internationale Funkausstellung IFA

**C** Computermesse CeBIT

**D** Internationale Möbelmesse

**24. Welche Frankfurter Spezialität bezeichnete Goethe als seine Lieblingsspeise?**

**A** Frankfurter Würstchen

**B** Bethmännchen

**C** Kochkäse

**D** Grüne Sauce

Welches Kennzeichen steht für Essen?

**25.** **Wozu wurde Essen im Jahr 2006 gewählt?**

**A** zur Sportmetropole des Landes

**B** zur Kulturhauptstadt Europas

**C** zur Industriehauptstadt

**D** zur Stadt der Literatur

**26.** **Welcher berühmte Dramatiker, Komponist und Regisseur prägt Bayreuth?**

**A** Richard Wagner

**B** Robert Schumann

**C** Richard Strauss

**D** Gustav Albert Lortzing

> **Welches Kennzeichen steht für Bamberg?**

**27.** **Für was gehört Bamberg seit 1993 dem Weltkulturerbe der UNESCO an?**

**A** die ältesten deutschen Brauereien

**B** den historischen Stadtkern

**C** das Bamberger Kasperl

**D** die Residenz

**28.** **Für welche süße Leckerei ist Aachen bekannt?**

**A** Aachener Crème

**B** Domtorte

**C** Aachener Printen

**D** Pfaffentürmchen

**29.** **Welche winterliche Veranstaltung lockt jedes Jahr rund zwei Millionen Besucher nach Nürnberg?**

**A** Christkindlesmarkt

**B** Martinimarkt

**C** Bratwurstmarkt

**D** Krippenmarkt

**30. An welchem Fluss liegt Aschaffenburg?**

**A** am Main

**B** am Rhein

**C** an der Elbe

**D** an der Mosel

# Antworten

**D** | **B : XY 123**

1) **RICHTIGE ANTWORT: C**
In der Nacht vom 9. auf den 10. November 1989 fiel die Mauer. Bereits im Jahr darauf wurden die beiden deutschen Staaten als Bundesrepublik Deutschland wiedervereinigt und Berlin als deutsche Hauptstadt ernannt.

**D** | **CHA : XY 123**

2) **RICHTIGE ANTWORT: D**
Etwa 20 km östlich von Cham befindet sich die tschechische Grenze und etwa 90 km nordöstlich liegt Pilsen. Cham wird deshalb auch als „Tor zum Bayerischen Wald und zum Böhmerwald" bezeichnet.

**D** | **DD : XY 123**

3) **RICHTIGE ANTWORT: B**
Die Bezeichnung „Zwinger" wurde aus

dem Mittelalter übernommen und nimmt Bezug auf die Dresdner Befestigungsanlagen. Es war die übliche Bezeichnung für einen Festungsteil zwischen der äußeren und inneren Festungsmauer. Heute ist der Zwinger einer der größten Museumskomplexe Deutschlands.

**DON : XY 123**

4) **RICHTIGE ANTWORT: B**
Käthe Kruse (1883-1968) war eine der weltweit bekanntesten Puppenmacherinnen. Ihre Puppen sind heute beliebte Sammlerstücke, die zu exorbitanten Preisen gehandelt werden. 1946 schickte Käthe Kruse ihre Söhne in die westlichen Zonen, um dort Zweigwerke zu errichten. Michael verlegte Teile der Produktion nach Donauwörth. Dorthin wurde 1950 die gesamte Produktion der Käthe-Kruse-Puppen verlegt.

**ERZ : XY 123**

5) **RICHTIGE ANTWORT: A**
Seinen Namen hat das Erzgebirge vom

Erzbergbau, beginnend im 12. Jahrhundert. International bekannt ist es heute aber vor allem für seine aus Holz gefertigten Räuchermännchen, Nussknacker, Weihnachtspyramiden und Spieldosen.

6) **RICHTIGE ANTWORT: C**
Schwerin ist die Landeshauptstadt von Mecklenburg-Vorpommern. Im Jahr 1160 von dem Welfen Heinrich dem Löwen gegründet, ist die kreisfreie Stadt nach Rostock die zweitgrößte Stadt des Landes. Mit weniger als 100.000 Einwohnern ist sie die kleinste Hauptstadt eines deutschen Bundeslandes.

7) **RICHTIGE ANTWORT: B**
Frankfurt an der Oder, gelegen am östlichen Rand von Deutschland, wurde Anfang des 13. Jahrhunderts an einer Handelsstraße gegründet, die zwischen Paris und Moskau verlief. Heute bildet der Fluss die Staatsgrenze zur Republik Polen.

**D | FR : XY 123**

8)
    Die Freiburger Bächle sind ein Wahrzei-
    chen der Stadt. Die kleinen Wasserläufe
    dienten im Mittelalter zur Versorgung der
    Stadt mit Nutz- und Löschwasser und
    durchziehen noch heute die Gassen und
    Straßen der Altstadt.

**D | GAP : XY 123**

9)
    Die Zugspitze ist mit 2962 m der höchste
    Berg Deutschlands. Sie gehört zum Wet-
    tersteinmassiv, eine Gebirgsgruppe in
    den nördlichen Kalkalpen. Die Zugspitze
    ist Grenzberg zwischen Deutschland und
    Österreich.

**D | OSL : XY 123**

10)
    Zu den markantesten und schönsten
    Landschaften, nicht nur in Deutschland,
    sondern in ganz Mitteleuropa, zählt der
    Spreewald, der den Norden des branden-

burgischen Landkreises „Oberspreewald-Lausitz" prägt. Der Senftenberger See gehört mit zu den größten künstlich angelegten Gewässern Europas.

**HH : XY 123**

11) **RICHTIGE ANTWORT: D**
Die Freie Hansestadt Hamburg ist ein Stadtstaat im Norden Deutschlands. Der Hamburger Hafen besteht seit dem 12. Jahrhundert und wird auch Deutschlands „Tor zur Welt" genannt. Mehr als 2500 Brücken überspannen die Flüsse Hamburgs.

**HD : XY 123**

12) **RICHTIGE ANTWORT: A**
Heidelberg ist eine Großstadt im Südwesten Deutschlands. Mit über 140.000 Einwohnern ist Heidelberg die fünftgrößte Stadt Baden-Württembergs. Sie liegt am Neckar, der etwa 22 km nordwestlich bei Mannheim in den Rhein fließt.